人性的弱点

各行各业大人物的人生经历与人生转折

Dale Carnegie

（美）戴尔·卡耐基/著　　牧　村/译

21 二十一世纪出版社集团
21st Century Publishing Group

图书在版编目（CIP）数据

人性的突破 /（美）卡耐基著；牧村译 . —南昌：二十一世纪出版社集团，2015.6（2022.4重印）

ISBN 978-7-5568-0822-9

Ⅰ . ①人… Ⅱ . ①卡… ②牧… Ⅲ . ①人际关系—通俗读物 Ⅳ . ① C912.11-49

中国版本图书馆 CIP 数据核字（2015）第 101307 号

人性的突破

戴尔·卡耐基 / 著

责任编辑　敖登格日乐

出版发行　二十一世纪出版社集团
　　　　　　（江西省南昌市子安路 75 号 330009）
　　　　　　www.21cccc.com　cc21@163.net

出 版 人　张秋林

经　　销　新华书店

印　　刷　三河市人民印务有限公司

版　　次　2015年9月第1版　2022年4月第3次印刷

开　　本　880×1230 mm　1/32

印　　张　8.5

字　　数　160 千

书　　号　ISBN 978-7-5568-0822-9

定　　价　30.00 元

赣版权登字—04—2015—399

如发现印装质量问题，请寄本社图书发行公司调换 0791-86524997

目　录

第七部　探险家

前　言

环顾我们这个世界，所谓的人生实在是很微妙的。

例如——

有人因为拾获一张小纸片，而成为美国大出版家。

有人原本是石材店的小学徒，后来竟成为美国第一流的空军飞行员。

有人曾因一时大意而丧失工作，后来却建造出史无前例的摩天大楼。

有人虽是出生于贵族，却因舍弃家产，而暴毙在街头。

——以上种种情形不胜枚举，更说明了人生的变化无常。

本书以简短生动的方式，为您介绍人生百态。最可贵的是，它仅以 5 分钟的阅读时间，介绍每一位名人的生平。

本书虽是一本"人物传"，但并不是介绍传主经历之类的书籍，而是从各行各业的知名人士中，摘取其特征，在 5 分钟内，以简洁而明确的方式，来叙述其生平遭遇。其中的人物包括企业家、学者、思想家、记者、运动员、冒险家、探险家、名女人、社会改革者、作家、音乐家等等。虽然他们并非完美的偶像，却可以传达许多人生的启示给我们。

阅读这些杰出人物的事迹时，很自然地会提到"不屈不挠的意志"与"坚决的信念"等理念，但作者绝对没有强迫灌输的意味，只是很自然地描写人生的百态而已。因此，由于不具说教意味，所以让人能很愉快地阅读！

20 世纪 30 年代，戴尔·卡耐基受邀美国哥伦比亚广播公司做一个讲述世界名人的传奇人生故事的节目。哥伦比亚广播公司一开始并不看好这个临时性的娱乐节目，最初只设计了每次 5 分钟的播出时间。出乎所有人意料的是，节目播出之后，竟然受到美国民众近乎狂热的欢迎。哥伦比亚广播公司于是一改初衷，将它做成一个金牌节目。

后来，这些播音稿，按照所述人物的类别组织篇章，付梓发行，成为一部流传广泛并影响深远的传记作品。

在书中，卡耐基透过这些名人的经历，从不同的角度和层面，通过不同的时空置换，以极具说服力和感染力的语言，阐述积极思想所创造的奇迹。他的学识极其渊博，对于人性的观察，尤其深刻入微，故其著作所谈，均为人性问题，从人出发，以人为本。书中写到的爱因斯坦、甘地、丘吉尔、哥伦布、莎士比亚、迪斯尼、海伦·凯勒等世界名人的奋斗精神经由卡耐基的精彩描述，更具深意。

　　本书主要是从卡耐基的《五分钟人物传》《传记集成》《名人秘史》三册书中精选代表性的人物结集成书。因此，对读者而言，可以由此非常广泛地接触到各行各业的杰出人士，也盼望大家能从书中发现人生的光明面……

第一部

科学巨匠

相对论大师——爱因斯坦

当他小的时候，所有人都怀疑他是个智商低于一般孩子的低能儿，其中甚至包括他的父母。

几年前的一天，我和几个朋友一起在德国南部一个小城市的街道上散步，与我同行的一位朋友突然停了下来，用手指着一间杂货店楼上的窗户说："看！你看见那边的那座小房子了吗？爱因斯坦就出生在那里。"

就在那天下午，我去拜访了爱因斯坦的叔父，但令我深感失望的是，他并没有告诉我有关爱因斯坦任何不同于常人的地方。相反，他却兴奋地对我讲了许多爱因斯坦小时候的愚蠢，例如，举止迟钝而害羞，说话结巴，他的父母担心他的智力不及常人，连学校的教师也对他很失望，认为他没法教育。可是，谁又能想到这么一个"愚蠢笨拙"的孩子，后来竟被全世界公认为当代最杰出的科学家、古往今来最伟大的思想家之一呢？

几年前，爱因斯坦忽然发现自己成了万众瞩目的焦点，他不禁大吃一惊，连自己都不敢相信，一个数学教授居然成了全球五大洲各大新闻媒体上的头版头条人物。他，一个科学家，居然能享有如此高的荣誉，同时也是 1921 年的诺贝尔奖物理奖得主。

爱因斯坦本人几乎与他的相对论一样奇特。"大多数人所孜孜以求的事情——追名逐利、过优裕体面的生活——他都一概嗤之以鼻。"例如，有一次，一艘横渡大西洋的轮船的船长邀请爱因斯坦住在船上最考究、最昂贵的一套房间中，没想到这一邀请却被爱因斯坦断然拒绝了。爱因斯坦说，他宁愿去坐三等客舱，也不愿享受特别的恩惠。

德国当局为了表示对爱因斯坦的崇敬和爱戴，在他 50 岁生日时，特意在波茨坦城为他建造了一座半身铜像，并赠送给他一套精致的住宅和一艘小游艇。

可是，爱因斯坦的遭遇却很不幸，希特勒上台后，他迫不得已，只得亡命海外，有一段时间住在比利时。他的财产全部被没收，他的家门也被上了锁，还有一位警探每夜睡在他的床边——这一切都只因为他是个犹太人。

不久，爱因斯坦应普林斯顿大学研究所之邀，前往美国任教。到达纽约时，他极力躲避报社记者和其他媒体的采访。在他乘坐的轮船停靠码头之前，他的朋友就把他秘密地护送下船，随即他们就上了汽车，疾驰而去。

虽然市面上出版的试图解释"相对论"的书籍多达九百种，

爱因斯坦却说，世界上只有 12 个人真正懂得他的相对论。

爱因斯坦曾用过一个简明而有趣的例子，解释他的"相对论"：当一个美丽的姑娘陪着你对坐一个小时的时候，你会感觉似乎只有一分钟；但如果你在火炉上坐上一分钟的话，你会觉得有一个小时那么久。初听起来，这好像是很不可思议，但这就是相对性。其实，让我们实验一次就显而易见了，谁都愿意和美人对面而坐，而不愿意坐在火炉上。

爱因斯坦一生结过两次婚，第一任太太还替他生了两个聪明的孩子。爱因斯坦夫人承认，虽然她对相对论一点都不了解，但是她却知道对一个妻子来说，更为重要的东西——她了解自己的丈夫。

她会不时地邀请她的朋友们到自己家里来喝茶、聊天。往往在这个时候，她就会要求自己的这位教授丈夫到楼下去参加他们的聚会。

"不行！"爱因斯坦往往会这样粗暴地叫道，"不行！我不去！我得马上离开这里，在这里我实在没有办法工作，我忍受不了这些打扰了。"

这时候，爱因斯坦夫人往往会保持绝对的沉默，一直等到他发完脾气之后，她巧妙地运用一点"外交手腕"，就能立刻把他带到楼下来喝茶，使他得到必要的休息。

据爱因斯坦夫人说，她的先生在思想上是很愿意遵守秩序的，但在日常生活上，他倒愿意"随便"而不想受到任何的约束，他往往是随心所欲。他给自己订了两条规则：一条是不要任何规则，而另一条就是不受其他人意见的支配。

爱因斯坦的日常生活非常简单。他平时总是穿一套不算整齐的旧衣服，很多时候都不戴帽子，常常吹着口哨或哼着歌曲洗澡。虽然他打算解决复杂的"宇宙之谜"，但他同时也认为不应该将人生的享受搞得过分复杂。因此，他在洗澡后刮胡子时，总是用洗澡肥皂而不用刮面香皂。他认为用两种肥皂太浪费了。

爱因斯坦是一个很快乐的人。在我看来，他的快乐哲学甚至比他的相对论更有意义。我认为爱因斯坦拥有一种很优美的人生哲学。

爱因斯坦曾说："我的幸福是——从不期望从任何人身上得到什么好处！"

他不企求什么金钱、头衔或者赞颂。他能从一些简单的事情，比如他的工作、拉小提琴和划船中，找到属于他自己的快乐。

爱因斯坦的奇闻轶事很多。例如，有一天他在柏林市的公共汽车上和售票员争吵起来，因为他认为对方将零钱找错了。于是售票员把钱重数了一遍，当售票员证明这是爱因斯坦数错了之后，又把零钱交还给他，并说了一句嘲讽的幽默话："这一次的错误，是因为先生您不会数钱。"你看，这全世界公认的数学天才竟然不会数零钱……

杰出女科学家——居里夫人

这位羞怯、腼腆的姑娘之所以举世闻名，是因为她发现了新元素"镭"。

能在人类历史上留下光辉形象的女性人物屈指可数，居里夫人就是其中杰出的一位！她出生于波兰，是一个羞怯、腼腆的女孩子，由于发现了新元素"镭"，而一举成为闻名世界的科学家。

时至今日，人类仍未停止过与癌症搏斗，而镭的发现，却为人类征服这一顽症做出了非常大的贡献——镭可以治疗无法医治的癌症，可以破坏病变的细胞，可以治疗多种毒瘤和癌肿。

她在巴黎大学攻读物理和数学时孑然一身，一贫如洗，甚至因为饥饿过度和不会照顾自己晕倒过多次，这对一名女性来说是一件令人不可思议的事情。52 年后，一家电影公司投下巨资将她的生平搬上银幕，那部影片让无数人深受感动。

就是这位羞怯的姑娘，以自己的巾帼之躯在自然科学的王国里过关斩将，她一生中得到两个诺贝尔奖（1903年的物理奖以及1911年的化学奖）。

19岁时，她在故乡波兰的一个贵族家里做家庭教师。那年圣诞节的前夕，这家在外地读大学的长子回家度假，他和住在他家里的家庭教师一起跳舞、滑冰。她的美丽、端庄以及充满智慧的典雅气质，令他深深地爱上了她，以至于后来他正式向她求婚。得知这个消息后，他的母亲几乎气绝而死，他的父亲也大发雷霆："什么？我们家的儿子竟然向一个一文不名的女孩求婚！简直是荒唐之极！"

当爱情之花正在这两个浪漫的青年之间开始绽放的时候，残酷的世俗偏见无情地把它给扼杀了，这对于居里夫人来说无疑是迎面一击。于是，她毅然离开了这个让她伤心的地方，只身前往巴黎求学，并决定把自己的一生奉献给科学事业。

为了节省那些有限的珍贵煤炭，在冬夜里，她舍不得用火炉取暖，常常冻得手指不听使唤，身体也拼命地发抖，但她在如此艰苦的环境中仍然孜孜不倦地研究数学。睡觉时，她把毛巾、床单、枕头套、外套等一股脑儿地拿来盖在身上取暖，但即使如此仍然无法挡住阵阵寒意。有时候，她甚至把椅子压在身上，以减轻寒冷所带给她的肉体痛楚，这的确是一场艰苦卓绝的战斗。

你也可以想象她在饮食方面的窘境。她不仅没有钱买饭吃，而且还怕做饭会浪费她宝贵的时间。因此，她往往会接连几个星期用涂了奶油的面包充饥，外加一点红茶果腹。有时她由于过度的饥饿，以至于神志不清地倒在床上失去了知觉。

有一次，她在课堂上昏了过去，当她恢复意识后向医师坦白道："事实上，我已经有好几天只靠少数的樱桃和萝卜来充饥了……"

到巴黎3年后，玛丽亚结婚了。她的丈夫与她情投意合，非常匹配——他和她一样致力于科学研究，他就是比埃尔·居里，虽然他才35岁，但已经是法国一流的科学家了。两人结婚时，财产只有两辆自行车，他们所谓的"度蜜月"，事实上就是并肩骑着自行车，到法国乡下浏览风光。中餐仅以面包、奶酪和水果充饥，晚上则投宿于简陋的旅社。

3年后，居里夫人着手准备博士论文，她决定把新发现的问题，当做自己的主题——《铀，为何能放出辐射线？》就是她的论文题目，她开始向神秘的化学王国进军。她测试了几乎所有的化学物质和上百种金属，研究是否有某种金属能够放射出不可思议的放射线。

最后，她终于发现一种未知的新元素，能够发出强而有力的射线。

居里为了帮助妻子研究这种新元素，停止了自己的实验，而与她并肩奋战。

夫妻俩反复试验了数月之后，向学术界发表了他们研究的最新成果：他们发现了一种放射性能比铀强两百万倍的金属，这种金属发出的射线能够把木材、石头甚至钢铁穿透。只有厚铅板才能挡住这种放射线。如果这个发现成为事实，几个世纪以来科学界的基础理论将被彻底推翻。居里夫人将这种放射性金属命名为"镭"。

但是，镭的本质和所有的金属完全不同，按照常理，镭金属是不可能存在的。因此，学术界对他们的研究提出质疑，并且要求他们出示确凿的证据来证明这一金属的存在，要求他们提炼出纯粹的镭，并将其原子量测定出来。

从 1898 年到 1902 年间，居里夫妇将这四年时间都花在证明镭的存在上。在经过四年艰苦的实验后，他们终于得到了 0.1克的镭，它的体积只有半颗方糖那么大。

这"半颗糖"是如何提炼而成的呢？这个只有半颗糖大小的镭，是从重达八吨的矿石中提炼出来的。他们的实验室就是那破旧不堪、早就废弃了的旧仓库，那里连块床板都没有，一到下雨天屋顶还会漏水，屋里虽有一个破旧的火炉，却不能用，因此屋内和屋外几乎一样寒冷。他们就在这样的仓库里提炼矿石。化学药品冒出来的浓烟熏坏了眼睛，也使得喉咙因感染而时时作痛。

居里夫妇就是在这个阴暗的仓库中，坚持做了四年的实验。

最后，她的丈夫失望地说："等到时机成熟时再做吧！"但是妻子不肯停止实验，她坚持不懈地进行下去。在妻子的一再坚持之下，他们终于成功地提炼出了 0.1 克的镭。

居里夫人因这一成果一下子成为全世界最杰出、最有名的女性。但是，得到荣誉的时刻，是她一生中最幸福的时刻吗？

"不，错了。"她说，"在家徒四壁，连块床板也没有，一面为贫穷所逼迫，一面潜心研究时——那才是最幸福的时刻。"

1902 年，居里夫妇做出了自己伟大的选择——大家都知道，镭是治疗癌症不可或缺的物质。镭的需要量肯定会逐渐增加，而只有居里夫妇才知道它的制造法。因此，如果得到了镭的专利，那么，无论世界哪个地方要生产镭，她都可以得到报偿。而这样一来，就可以改善全家的经济状况，自己也不必再像以前那样辛苦地工作了，借此还可以为自己建一个高端实验室，以便从事更进一步的研究。

那么，居里夫人又是怎样做的呢？她没有因为发现镭，而接受过哪怕是一便士。"可以这么做吗？"她说，"如果那样做的话，就违背了科学精神。它是用来治疗疾病的。"居里夫人做人的原则就是：不做百万富豪，而宁愿过朴素的生活；不愿无所事事地生活，而选择奉献地生活。

发明之王——爱迪生

他在班上的成绩永远是倒数第一，以至于老师和医生都以为他的脑子有毛病，但后来他却因为各种发明与创造，而享誉世界。

据熟悉爱迪生的人说，他一生只接受了 3 个月的学校教育，而在此之后，完全在家中接受母亲的教育。他的母亲实在是一个了不起的人，谁会想到她竟能够把许多人都认为不堪造就的儿子，教育成一代伟大的发明家呢！

爱迪生幼年时的记忆力极坏，但毋庸置疑的是，他对于今天科学界做出了划时代的贡献。爱迪生究竟健忘到了何种地步呢？这里有一个小故事：

有一天，他到法院去纳税，当时他正为某个科学上的问题而苦苦思考。由于那天交税的人非常多，他只得排着长队等候。他等了很久，结果等到轮到自己的时候，别人问他叫什么名字时，他一时间竟愣在那里，竟然想不起自己的名字了！他旁边的一个人，看见他那副狼狈的样子，便提醒他，他才想起自己的名字叫"爱迪生"。后来他对人说起这件事时，说他当时简直有好几秒钟想不出自己的名字来，纵然这是他一辈子的代表符号。

还有一次，爱迪生通宵达旦地在他的实验室里工作了一晚，早晨当他正在等候仆人给他送早餐的时候，因为太疲倦了，竟然趴在桌子上睡着了。他的一个助手刚刚吃完火腿，正觉得非常惬意，便想与他开个玩笑，于是，他就把自己吃完的空盘子摆在爱迪生面前的台子上。

爱迪生醒了，他揉揉眼睛，低头注视着桌上的面包屑、空盘子和空咖啡杯，然后想了一会儿，最终他得出结论，认为自己在小睡之前一定已经吃过早餐了。于是，他便推开桌子，像往常一样起身点燃一支雪茄抽了起来，然后继续投入工作，丝毫不知道这件事情的真相。直到他的助手们哄堂大笑起来，他才恍然大悟。

如果你的记忆力和我一样坏，你尽可以放心，这不是什么大不了的事情。因为达芬奇算得上是人类历史上最著名的画家了，而他的记性却非常差，什么东西都记不住，除非把它用笔记下来。而且，即使用笔记了下来，他又往往记不起自己把它放在哪里了。所以，我认为记忆好坏并不影响你的事业，也决定不了你的成就，爱迪生便是一个极好的例证。

无线电之父——马可尼

不久以前，我很幸运地和一个人聊了一个小时，正是此人使我们周围的生活发生了巨大的变化。他改变了我们所居住的世界。就是他使我们能够在1/7秒内接收到全世界各地的各种信息。他还能够使你坐在家中，只需要毫不费力地调一下你收音机上的指针，便可听到总统在白宫发表的演讲，或者欣赏某一个著名的管弦乐队演奏迷人的《蓝色多瑙河》——此人就是马可尼。

我们常常以为马可尼是一名意大利人，其实，他的父亲是意大利人，他的母亲是爱尔兰人，而他母亲的家则在伦敦。他的爱尔兰血统给了他灰白色的头发和蔚蓝色的眼睛，这使他看上去更像英国人而不像意大利人。他能说一口非常流利的英语，不过略微带一点伦敦口音。他左眼戴着一个英国式的单眼镜——他的右眼不幸在20年前的一次交通事故中失明了。

我一见这位伟人，就觉得他和蔼可亲，说话诚恳，而且态度非常谦虚，使我几乎觉得自己不是坐在一位世界伟人面前。记得我还是个孩子的时候，就曾读过一则消息，说意大利发明了无线电报。后来有一天，我和罗维尔·托马斯在伦敦一家饭店里，才第一次看见这种新奇的东西，谁知创造这一奇迹的伟人，此刻就坐在我的面前，这一切真是恍然如梦。

我们的谈话开始的形式很奇特。我先问他为什么会对无线电研究感兴趣，而他绕了一个大圈子回答我：他起初说自己年轻时，愿意找一种可以使他有机会环游世界的工作。接着，他告诉我，他时常陪母亲一同外出旅行，如从意大利到伦敦去探亲访友。每一次途经法国，看到冰雪覆盖的高山，或者是波涛汹涌的大河，富有诗意的田园时，就增加了他对于旅行的兴趣。

最后，马可尼告诉我，只有继续努力研究无线电，他或许才有机会到更远的地方去旅行。他不愿意被关在屋子里工作，因此他的工作几乎全都是在旅途中完成的。他说他已经横渡大西洋87次了。

当他还很年轻的时候，就能够通过他自己家里的房间传达无线电信号。最后，他居然可以把信号传送到两英里以外的地方，这使他兴奋不已。而他的父亲则说他是在浪费时间。但是在几年以后，当他将几种发明的特许专利权以25万美元卖给英国政府时，他父亲才相信自己的儿子其实并不是像他想象的那样在浪费时间。

我问过当时已是参议员的马可尼，当他得到那25万美元巨款时，都用来做了些什么。他说，他跑出去买了一辆脚踏车，然后又跑回来继续工作。对他而言，对实验的热情，远比金钱所能购买得到的任何东西，都更富于诱惑力。

1901年，马可尼认为实现他的宏伟计划的时机已经成熟了，于是他迫不及待地渡过大西洋，十分自信地期待一次更大的成功——他希望能在大西洋彼岸的美国接收到从英国所发出的电报。

他在纽芬兰登岸后，先放起一只用丝竹做成的飞机形状的风筝，但却被大风撕裂了。他又放起一个气球，也被大风刮到海里去了。最后，他放起一只做工很结实的风筝，风筝终于飘上了天空。他屏息凝气地听了好几个小时，急切地盼望能得到从英国拍来的信号。但他渐渐地失望了，因为他根本没有收到一点声音。他开始灰心丧气，认为实验已经失败，计划显然已经没有希望实现了。

就在他万念俱灰的时候，忽然听见了一点微弱的嘀嗒声。然后接着又一声，是的！那就是！那就是他们事先商定好了的那种信号。代表字母"S"的三点正是发报员所使用的；马可尼不禁欣喜万分，他知道自己这次成功有着划时代的重要意义。他很想跑到外面，站在屋顶上向全世界喊出这一激动人心的消息。然而，他并没有这样做，他怕人们不相信他，所以他一直将这一秘密保守了48小时之久，没有告诉任何人。

后来，他鼓起勇气将这件事情的经过拍了10个电报传回了伦敦，这一件事立即引起轰动，全世界的各大报纸都争相披露了这一伟大的新闻，科学界的人士大为振奋。人类再一次战胜了时间和空间，在人类的眼前又展现出一个新的时代。无线电报产生了，它注定要为你我改造周围的这个世界做出巨大的贡献。

马可尼发明无线电后，遭受了许多严厉的反对和攻击。许多无中生有的幻想家给马可尼写信责备他，甚至警告他不应该发明无线电，因为他们认为电波会经过他们的身体，这样将会毁坏他们的神经，对他们的身体健康造成损害，甚至会影响他们的睡眠。

还有一个法国人给马可尼写信，声称为了保障人类的安全，他决定要"刺杀"马可尼，并说他已从法国起程赶到英国。马可尼连忙将这封信交给苏格兰警察局。英国政府接到苏格兰警察局的报告后，马上采取了相应的措施，宣布拒绝这个法国人上岸，马可尼的生命安全才得以维护。

飞机的发明者——莱特兄弟

他们的父亲说："这两个孩子不能同时供养一个妻子和一架飞机，于是，他们选择了飞机而放弃了娶妻生子。"

三十多年以前，在美国俄亥俄州发生了一件在当时看起来很小的事。但是，现在我们知道这件事对我们的生活影响很大，而且对于你们的孩子和你们孩子的孩子的生活，都将会发生强有力的影响。

就在那具有重大意义的一天，奥维尔·莱特走进了俄亥俄州代顿的一家图书馆拿起了一本书。这本书讲述的是一位名叫颚图·李连塔尔的德国航空工程师坐在一架滑翔机（一种特制的大风筝）里飞上天的故事。虽然可以肯定的是，李连塔尔并没有使用引擎，但是他确实飞了起来。

那天晚上，奥维尔·莱特独自思考着这个有趣而惊奇的故事，直到半夜仍然无法入睡。第二天，他把这件事告诉了他的哥哥韦伯，没想到立即就得到了哥哥的支持和热忱赞助。于是他们就开始秘密地研究起飞机来，并且终于完成了这个最大胆的设想，从而使他们兄弟俩的名字永载史册。

他们兄弟俩并没有特别接受过高等教育，但他们成功了，他们靠的就是两样东西——毅力和热情。

他们在孩提时代就跑到乡间捡死马死牛的骨头，将这些东西卖给肥料制造厂。他们也曾捡过破铜烂铁，卖给收购旧金属的人。当他们年龄稍大些后，合作办过印刷厂，发行过周报，也开过一家修理自行车的小店。总之，无论是做什么，他们都在梦想着制造飞机，每逢星期天休息时，他们就仰卧在太阳照耀的山脚下，观察在天空飞翔的各种鸟儿的姿势。

他们在自己的自行车店安装了一架风车，开始试验两翼上所承受的空气重量。他们还时常玩风筝，他们制造了一只大风筝（或者说滑翔机），并将它拿到北卡罗来纳州的猫头鹰村的歼魔山上放飞。他们之所以把放飞地点选在那里，是因为在那里常常有强烈的带着盐味的海风刮过，地面也铺满了波浪般柔软的细沙。

他们前后有好几年，一直都在试验这种滑翔机。后来，他们在一只滑翔机上安装了一个自制的引擎，将它改造成一架飞机。

1903 年 12 月 17 日，他们完成了人类历史上的第一次飞行，这是一个将永远为人们所纪念的日子。他们将一枚银币抛到空中，根据它落下的正反面来决定谁先试飞。大家都抬头仰望着空中的银币，最后奥维尔获得了这次机会。

这一天，天气寒冷，天色阴沉，温度几乎降到了零摄氏度以下，在一旁看他们飞行的五个人，都在不住地跳动来取暖，可是他俩却连外衣也没有穿，以免给"飞机"增加重量。

奥维尔·莱特登上"飞机"，启动发动机起飞的时刻正好是 10 点 35 分，这神奇的东西竟然真的飞上了天空，还从排气管里冒出白烟，在空中摇摇晃晃地停留了 12 秒钟，然后降落在离起飞点一百英尺的地方。这真是一件伟大的事——人类的梦想实现了，这是人类第一次像飞鸟翱翔在空中，这真是世界文明发展的一大进步啊！

然而，奥维尔·莱特说他并没有感到特别的激动。他说他只不过盼望那个修好的机器能够转动起来，而结果它真的转动了，仅此而已。他说他对于飞行并不是很在意，飞行之所以能让他感到激动，是因为小时候有一天晚上半夜醒来躺在床上，梦想着自己要是能飞该有多好。

而接下来，这件事情就更为奇怪了：奥维尔·莱特，这个最先试飞成功的人，到现在为止连飞行执照都没有。自 1918 年以来，他便再也没有上过飞机。

奥维尔是个内向的人，他讨厌夸大其辞，所以他既没有写自传，也不愿接见新闻记者，甚至连照相也不喜欢。他的哥哥韦伯最了解他，曾说过这样的话："鹦鹉虽然是鸟类中最善于说话的，但却不能飞得很高很远！"

最可惜的是，韦伯在 1912 年就去世了，这对奥维尔来说，无疑缺失了一个得力的助手。

韦伯也是一个不贪慕虚荣的人。有一次，他从口袋里掏手帕时，却掏出了一条红丝带，直到他姐姐一再问他，他才毫不在意地说："哦！我忘了告诉你了，这是今天下午法国政府颁发给我的荣誉奖章。"

奥维尔和韦伯严格遵守一种旧式的宗教戒律，不肯在一个星期的安息日飞行。有一次，西班牙皇帝让他们在一个星期天带他去飞行，但他们坚持自己的教条，拒绝了皇帝的这一命令。

莱特兄弟俩人都没有结过婚。对此他们的父亲这样解释道："这两个孩子不能同时供养妻子和飞机，于是，他们都选择了飞机而放弃了娶妻生子。"

名医仁医——葛林费尔

葛林费尔是拉伯利多地区的一代名医。他整天在寒风之中往返，在冰雪中行进，常年的奔波使他的双手变得非常粗糙。他曾遇到过四次冰山撞船的危险，也曾整夜睡在浮冰上，还有一次几乎被冻死在拉伯利多的荒野。又有一次，他实在是饿到了极点，于是便割开了由海豹皮做成的皮靴来吃。他终生没有一点儿积蓄，可他却是世界上最快乐的人之一。

葛林费尔毕业于牛津大学，后来在伦敦贵族居住区设立诊所施诊。由于他的医术精湛，渐渐有了名声，成为伦敦的名医之一，但他并不因此而骄傲自满。他觉得自己需要休息与休养，于是，决定到拉伯利多去度假。

拉伯利多是一个严寒荒凉的地区，每年有九个月以上都被冰雪所覆盖，直到7月还没有解冻。让葛林费尔医生感到惊讶和不安的是，生活在这荒凉海岸边的渔民，如果不幸患病的话，他们就只好"听天由命"了，因为这里连一个医生也没有。

他竭尽全力为渔民们服务了整个夏季。然后，照原定的计划，在秋天时返回伦敦。但他已厌恶替那些富有的人开药方的生活，不愿意再像以前一样敷衍下去，他甚至轻视所谓名医的声誉。他知道，北方需要他，于是，他又返回了拉伯利多。他不畏劳苦地在那里服务了 45 年，全世界都知道他是一位慈爱的名医，英皇乔治也钦慕他，封他为爵士，对他那忘我的精神与壮烈的事迹进行褒奖。

我曾拜访过葛林费尔医生，他对我讲述了许多不平凡的事：有一次，他为一位不幸被冰块砸断腿的老妇人看病，因为病菌已经侵入骨头，为了保住性命，不得不割去她的大腿。这位老妇人虔诚地信守旧约的戒律，认为这是上帝要她遭受一点痛苦，因此她就应该忍受，这样才不愧为基督的信徒。

葛林费尔医生非常慈爱善良，所有认识他的人没有一个不喜欢他。人们为了感谢他，常常会送礼物给他。甚至有一次，他还收到了一双渔人捕鳖时所穿的大短脚靴，也有人送过他一件红色的猎衣和一顶丝质的帽子。他还收到过一件极为珍贵的礼物，那是一本百年前出版的有关礼仪的书，但他为了让渔民们可以自由阅读，于是便将这本书拆开来，像墙报似的贴在墙上。

拉伯利多的渔民能够吃苦耐劳，但他们也非常迷信。有一次，某个村子里的居民接连几个星期只吃面和糖水混合的稀糊来充饥，因饥饿已经到了死亡的边缘；可是，这村子有很多肥猪，但他们却不敢宰来吃。据说，因为那群猪曾进教堂啃掉了一本《圣经》，他们认为这些猪已经变得神圣而充满圣灵，因此无论如何都不能杀来吃。

在葛林费尔的一生中，有一幕最为悲壮伟大的事迹。那是1908年复活节的那一天，为了尽快拯救在60英里外的一个濒临死亡的妇人，他急急忙忙地备好雪车，用了四只狗来拉车。为了节省时间，他想抄近路越浮冰而过，没想到风势突变，浮冰随着海浪飘去，四只狗尽管努力向前冲，但仍旧无济于事，结果都掉落到寒冷的海中。这时的形势非常危急，葛林费尔医生却镇静自若。

他将随身携带的利刃取出来，先将勒狗的绳子割断，使狗脱离雪车，让它们游到一块浮冰上。可是在雪车沉落到海里的时候，却把他的毛衣也带了下去。他身上的衣服已被冰水所浸，再也无法御寒了。这时候，寒风刺骨，黑夜来临了，他被冻得昏昏然几乎失去了知觉，他知道这样下去，自己将必死无疑。

他终于想出了一个迫不得已的方法。他抽出利刃，忍痛宰了3只拖吊的狗，把它们的尸体堆放在周围御寒，然后再剥下它们的毛皮披在身上。他整夜卧在浮冰上，直到次日天明。第二天，他又用死狗的骨骼作船桨，想将浮冰划近海岸；尽管希望非常渺茫，但他仍坚持最后的奋斗。

他在使用了各种想脱离险境的办法之后，产生了一种错觉。不，这不是错觉，晨光下映出的船桨的影子是真的，真的有船在海面驶过。葛林费尔奋力呼救，最终，他被船上的人成功地救起了。

第二部

政治名人

英国首相——丘吉尔

大学入学考试曾经考过三次，就是这样一个人，后来却成了举世闻名的大政治家，他就是英国首相丘吉尔。

1857 年，也就是南北战争爆发的前四年，美国经济非常不景气，然而就在这一年，一位名叫雷诺·杰鲁姆的男子却在纽约股市大赚了 600 万美元。对他本人来说，这当然是一件非常值得庆幸的事情。然而，谁也没有料到，这件在当时完全个人化的事情，还会使人类历史的过程发生一次重大转机。

为什么这么说呢？因为，如果雷诺·杰鲁姆没有在股票上大赚这一笔钱，人类历史上恐怕就不会有温士顿·丘吉尔了——丘吉尔是杰鲁姆的外孙。

雷诺·杰鲁姆将这 600 万的一部分用于购买《纽约时报》的股票，并用剩下的一部分在美国开设了两座赛马场。等他将这些事情办妥之后，财富源源不断流进他腰包。与此同时，他开始周游世界，在英国贵族上流社会频繁出入。结果他的女儿——珍妮·杰鲁姆，以美国女性特有的魅力，与英国贵族蓝道鲁夫·丘吉尔相识并最终结为夫妻。1874 年 11 月 30 日，在全英国历史最悠久的城市之一布莱尼姆堡，温士顿·丘吉尔诞生了。因而，温士顿·丘吉尔有一半是美国人血统。

这位当代英国最卓越的军事家、政治家，作为国际社会关注的焦点人物，他运筹帷幄，手握大权，左右世界走向达 1/3 世纪。1911 年他以文官的身份担任英国海军大臣，身为英国海军最高统帅之职。他不仅左右了一个国家的命运，而且对世界局势也产生了举足轻重的影响。

从小时候起，丘吉尔就立志要成为一名军人。他常常把自己的玩具像部队一样整齐地排列起来，玩与别人打仗的游戏。后来，他从英格兰赫斯特陆军大学毕业后，在英国海军服役多年。他还隶属过班格尔枪骑兵连，在印度作战；也曾跟随基奇纳将军在苏丹的沙漠里与土著人交战过。

1900 年，他因一次勇猛果敢的行动震惊了世界，这次行动使得 26 岁的丘吉尔当选为国会议员。

事情的经过是这样的：1899 年南非爆发了布尔人战役，丘吉尔被伦敦的《Morning Post》报社选派为驻前线的战时通讯员，月薪为 1250 英镑，相当于每天 40 英镑，这样的待遇在当时是相当高了。而他也不负众望，充分发挥出他的杰出才能，成为英国历史上前所未有的著名通讯员。

最有趣的是，他不只是报道前线的最新消息，他本人也常常成为新闻的重要来源。有一次，他为了获取第一时间的新闻，冒着枪林弹雨深入敌后采访，结果不小心成了布尔人的俘虏而被关进了监狱，然后他又从战俘营中逃了出来。这些惊险刺激的事情都被前线的其他记者作为最新消息一一发回了英国。一时间，英勇无畏的丘吉尔的一举一动，无时不牵动着国内所有人的心，人们为他欢喜为他忧愁。

布尔军重金悬赏抓捕这位烦人的贵族之子丘吉尔，不论死活。与此同时，丘吉尔越过铁路、翻过桥梁，一路狂奔了几百英里，沿途到处都是敌军的部队，每走一步都有重重的危险。为了顺利地逃过敌军的搜查，他时而抄小路徒步潜逃，时而爬上货运火车通过敌军哨所。他曾露宿在森林、原野中，也曾在矿坑中苦度漫漫长夜；他还走过到处是陷阱的沼泽地。在经过非洲大草原时，经常有饥饿的秃鹰在他的头顶盘旋，等待着他疲惫不堪地倒下的时候俯冲下去美餐一顿。

当这些惊险的经历全都详详细细地刊登在他那遥远的祖国的报纸上时，由于这类事情本身就具有很强的震撼力，再加上丘吉尔那生动的文笔、充满悬念的结构，更是锦上添花，使他成为一名传奇性的英雄记者。

1900 年，他成了新闻界引人注目的焦点，全国人民争相阅读他的文章、关注他的一举一动。不久，丘吉尔这位人们心目中的民族英雄凯旋了。当时，甚至还有人谱写歌曲来颂扬他那伟大的功绩，前来聆听他有关这次经历演讲的听众真可以说是摩肩接踵，盛况空前。他得到了全国人民的拥戴，顺理成章地当选为国会议员。

丘吉尔的座右铭是："绝对不能在危险面前退缩逃跑！"

1921 年，丘吉尔应邀到美国作巡回演讲，每晚的报酬是 1100 美元。然而，在他动身之前，伦敦的情报机关已经获得了确切消息，英国境内一些地区仇视政府的极端分子组织了一个"暗杀协会"，准备对丘吉尔实施暗杀行动，因为在他们眼里，丘吉尔就是大英帝国的象征。如果他这次前去美国，可能有被暗杀的危险。

丘吉尔虽然接到了伦敦警方的警告，但他仍旧若无其事地在美国各地巡回演讲。一次，当他来到美国西部的某个城市时，马上就被告知潜伏在该市的几名恐怖分子已经购买了当天晚上演讲会的入场券。他的处境非常危险，该市的警察局长认为这件事非同小可，因此立即下令将那场演讲取消，但是丘吉尔的经纪人刘易斯·艾尔伯坚决拒绝了这一建议。

后来丘吉尔听说此事后，曾经这样说过："当危险向你逼近时，你绝对不能回头逃避，否则危险将会倍增。相反，如果你能够果敢地去面对危险，那么危险就会减半。"

丘吉尔不但不会在危险面前退缩逃跑，反而会主动地走向危险，这样的例子在他的一生中屡见不鲜。在他就任海军大臣时，英国海军总共只有 56 架飞机，飞行员也寥寥无几。那还是在莱特兄弟发明飞机八年后的 1911 年，与飞机有关的各种技术都尚未成熟，当时的情况是飞机飞上天之后，谁也不能确定它会在什么地方降落。驾驶飞机的风险性非常大。

尽管驾驶飞机非常危险，但丘吉尔还是多次不顾别人的反对，执意要亲自驾驶飞机。结果，在他亲自驾驶的过程中，还真有好几次遇到了坠机事件，不过苍天保佑，他每次都幸免于难。后来甚至英国政府都出面力劝丘吉尔停止这种冒险的飞行，但同样被他坚决地拒绝了。他喜欢在高空飞行中那种凌空翱翔的感觉，无论如何也一定要亲自去体验其中的快乐。作为一个敏锐的战略家，丘吉尔预言飞机的出现将会使日后的战争模式完全发生改变，事实上，可以说是他一手缔造了英国的海军航空队。

丘吉尔还有一个非常明显的特色，那就是比钢铁还要坚强的意志。这一点充分地表现在他对求学的态度上。他在学校的时候成绩很不好，无论是拉丁语、希腊语，还是法语或是数学，他都没有认真学过，平时也不怎么爱念书。他认为与其把大量时间花费在学外语上，还不如一心一意地把英文学好。

当然这在某种程度上说或许有一定的道理，但是并不是所有的人都这么看。因为他根本不把外语和数学当一回事，结果他在预备军校里的成绩常常是全班的倒数第一。说来也真是奇怪，这个讨厌数学的青年，后来竟担任了 4 年的财政部长，他全权主管大英帝国的财政。

丘吉尔曾经参加过 4 次赫斯特陆军大学的入学考试，结果前三次全都名落孙山，一直到第四次才得以通过。但是等他从那个学校毕业后才发现，他在那里并没有学到什么有用的东西。当时他 22 岁，是一名英军驻印度士官。

在遥远的印度，以前不怎么好学的丘吉尔立下了豪迈的誓言："从现在开始，我要好好自学，发奋读书了。从今天起我要成为命运的主宰。"

于是，他给在英国的母亲写信，请她寄来地理、历史、哲学、经济等各方面的书籍。准备在大热天的午后，趁学校的教官午睡之际，他专心研读柏拉图的哲学著作、吉朋的《罗马帝国衰亡记》和莎士比亚的文学作品等。

这样一直持续了好几年。就在这几年里，他学会了明快、简洁、有力的文体，这种风格在他的著作和演讲中随处可见。说到演讲，他的音色并不是很好，而且他不能很好地控制现场。但是后来，他却成了古今中外屈指可数的杰出演说家之一。

丘吉尔每天要工作14-17小时，有几次他竟然连续七天七夜都没有休息，他的秘书忙得焦头烂额。他之所以能始终如一地保持如此旺盛的精力，其秘诀就是：在持续工作一段时间之后，适当地休息一会，最关键的是要在自己尚未完全疲倦的时候就休息，而不要等到自己非常累之后才开始休息。

他早上常常要到10点才起床，但在正式起床3个小时之前，就已经开始坐在床上工作了：嘴里叼着雪茄、打电话、给秘书口述信件，还要阅读报纸、各种报告以及海外来电，这样工作3个小时后才起床，他喜欢用旧式的刮胡刀刮胡子。

他通常在下午一点进午餐，餐后休息一小时，然后再开始下午的日程安排。傍晚五点再度上床，这一次大约要休息30分钟，晚饭后经常要工作到深夜两点。

　　丘吉尔将自己的演讲内容以《酣睡中的英国》（While England Slept）为题结集出版，在这本书里他极有先见地预言当时世界上真正危险的人物是希特勒，他正准备发动战争。从 1933 年到 1939 年的六年间，他一有机会就向人们大声疾呼——德国正在进行重新武装，他就会击沉英国舰队、攻击英国本土，他们的野心是征服并统治全世界。

　　他有敏锐的判断力，他已经预见到了未来战争发生的可能，他希望人们能相信他，能对好战分子提高警惕。但是，英国政府并没有听取他的呼吁，历史上的第二次世界大战，便以无法逆转之势爆发了。

美国第 26 任总统——罗斯福

他的胸部虽已中弹，但仍旧继续演说……

1919 年 1 月，突然发生的一件不幸让我永生难忘。当时，我正在部队里服兵役，受命驻扎在长岛的阿普顿营地。一天下午，一队士兵爬上营地附近的小山，举枪向空中鸣枪致敬——罗斯福总统去世了！西奥多·罗斯福是美国历任总统中最有声望的一位，他逝世时年纪还不算很老，就算他活到现在，也才80 岁。他比克拉伦斯·丹诺还要年轻一岁，只比赫斯特大四岁。

几乎关于罗斯福的每一件事都是非同寻常、极具传奇色彩的。比如，他的眼睛高度近视，要是不戴眼镜的话，他甚至连在十步之外的自己最要好的朋友也不能认出来。而实际上，他却是一名神枪手，曾经在非洲击毙过雄狮。他是举世公认的最著名的打猎高手，然而他却从来没有钓过鱼，也从没有打过一只鸟。

33

他年幼时身体虚弱，深受严重的哮喘病的折磨。当时，他决定去西部当一名牛仔，想以此来锻炼自己的体魄，提高自己的身体素质。在那辽阔的西部，白天他在茫茫草原上奔波不停，夜晚则在皓月繁星之下露宿。结果，他练就了一副极为强壮的体格，以至于后来他竟然敢于挑战著名的拳击手迈克·多诺万。他曾到南美洲的丛林中探过险；翻越过玉女峰和马特峰两座高山；并且曾在古巴的圣胡安山的枪林弹雨中冲锋陷阵。

罗斯福在他的自传中说，他小时候性情非常懦弱胆怯，经常害怕受到什么意外的伤害。然而后来，他却因为自己的种种冒险行为折断过自己的手腕、胳臂、鼻子、肋骨和肩膀，即使如此，他还是不断地去尝试冒险。当他在西部当牛仔时，常常从马背上摔下来，但是，哪怕是自己的骨头都摔断了，他仍旧会爬上马鞍，继续驱赶牛群。

在讲到他是怎样来训练自己的勇气时，他说道，他的方法就是逼着自己去做那些自己平时不敢做的事情，在做这些事的过程中，虽然自己往往会被吓得半死，也要强迫自己勇敢起来，继续坚持下去，绝不放弃。罗斯福正是采用了这一看似很简单的方法，最终从一个胆怯、懦弱的小孩变成了一个英勇无畏的男子汉，以至于他面对非洲怒吼的雄狮和战场上振聋发聩的炮声都毫不畏惧。

1912 年，罗斯福在赴某地演讲的途中，一个丧心病狂的人开枪击中了他的胸部。罗斯福却坚持不让任何人知道他已经中弹了，依然像往常一样走上讲坛发表他的演说，直到最后因失血过多而晕倒，才被送进医院抢救。

他在白宫期间，睡觉时总是在枕头下放着一把装有子弹的手枪，而且，他在出去散步时身上也往往带着一把手枪。

在他任总统期间，曾同一位军官发生过冲突，结果两人动起手来。那位军官一拳击中了罗斯福的左眼，他眼部的血管被打破，左眼因此失明。但是，罗斯福不想让那位青年军官知道因为他而导致自己失明。所以，当那位军官提出再次与他进行比试时，罗斯福拒绝了。那位军官还以为罗斯福总统是因为年老体衰而无力支撑了呢。数年后，罗斯福的左眼完全失明，但他始终没有让那位军官知道这件事。

他在长岛总统别墅里烧的木柴都是他自己劈的，他偶尔也会在空闲时间到田间去捡一些杂草回来生火，并且还坚持要求他的园丁为他的这种帮工支付工资。

罗斯福从来不吸烟，也从未发过誓，只是偶尔会在晚上喝上一小杯加了白兰地的牛奶，这还是他的侍卫无意中告诉他的。在此之前，他对此一无所知。尽管如此，还是有一些无聊的人经常说他是一个嗜酒者，最后他一怒之下竟以诽谤罪对这个人提起诉讼，以此来消除谣言，证明自己的清白。

虽然他在白宫每天都要日理万机，但他却仍然能找出足够的时间来阅读大量的书籍。他规定在某一天的整个下午用来接见那些来访的人，他接见每位来访者的时间都限制在五分钟之内。就在那些接见对象交替的短暂时间里，他都会抓紧时间阅读放在手边的一本书。

他外出旅行时，经常会随时带着一套袖珍本的《莎士比亚全集》。当他在西部放牧时，常常坐在帐篷外的篝火边给其他的牧童高声朗读《哈姆雷特》全剧；在去巴西丛林的旅途中，他每天晚上都阅读吉朋的巨著《罗马帝国衰亡史》。

他爱好音乐，但自己却对音乐一窍不通。当他独自工作时，常常喜欢哼一哼《我主已靠近你》这首歌。一次，他骑马经过西部某一城市的街中心时，手里挥舞着帽子向前来欢迎他的群众致意，同时嘴里还不停地哼着《我主已靠近你》。

他有很多非常奇怪的爱好。一天，他坐在白宫的办公室里，突然心血来潮给华盛顿的某一大报的记者打了一个电话，让他立刻赶到自己的办公室来。该报的发行人受宠若惊，喜出望外，以为总统一定是要向他透露一些关于时局的秘密消息。于是，那位发行人立即要求报社准备安排印发增刊。

等这位记者匆匆忙忙赶到白宫，见到罗斯福总统时，罗斯福却只字未提政治上的事。这位童心大发的总统领着那位记者来到白宫庭院里的一棵老树下，让记者观看他刚刚发现的一窝刚出生不久的小猫头鹰。

还有一次，罗斯福总统坐专车前往美国西部的某地，在车上他接见了许多政界要人。正在谈话过程中，突然，他从窗口看见外面的玉米地里有一位老农夫拿着帽子垂手站着，他知道这个农夫是在对总统表示敬意。因此，罗斯福立刻跳了起来，赶快跑到火车最后一节车厢外，热烈地挥舞着自己的帽子向那农夫还礼致意。他并不是故意在耍政治家的惯用把戏，他这样做完全是发自内心的情感，因为他真正爱着他的人民。

到了晚年，罗斯福的健康状况逐步恶化，虽然当时他只有60岁，却好几次说到自己已经老了。他在给一位老朋友的信中说道："你我都已是风烛残年了，不知道哪一刻我们就会从这个世界上消失。"

1919年1月4日，罗斯福在睡梦中安然与世长辞。也许，他预感到要离开这个世界了，"请把灯熄了！"——这是他说的最后一句话。

美国第 28 任总统——威尔逊

有些人没有成功是因为没有机会，即使有机会却也没有成功，那是因为他们不懂得如何待人处世。真正的威尔逊总统究竟是一个怎样的人呢？他曾被很多人誉为了不起的天才，但也被许多人讥笑为有史以来最大的失败者。评价十分两极化。

他曾经看到了世界和平的幻象——国际联盟，就在这个幻象的祭坛上，他奉献出了自己所有的精神和活力——他最终失败了，被自己的理想所摧毁。

1919 年，当威尔逊总统乘船横渡大西洋，远赴欧洲斡旋，准备为世界为人类带去和平之际，他被世人尊称为时代的救星。战乱不止、哀鸿遍野的欧洲大陆欢迎他时如迎天神。久经战乱之苦的农民就好像朝拜神灵一般，在他的人像前虔诚地点上蜡烛，祈祷他能为自己带来福祉。

此刻，全世界都匍匐在他脚下。然而，3 个月后，当他返回美国时，他已是垂头丧气、颓废不堪了，许多朋友离他而去，他还为自己结下了成百上千的仇敌。

历史上的威尔逊总统有点像一位富于理想的学校教师——冷静、庄重，缺少人类常有的温情。但事实上却几乎完全相反，威尔逊是个极富人情味的、渴望与人交往的人。然而，他一生的遗憾就是他自己的羞涩使得他看起来是那么高傲、那么拒人于千里之外。

他曾经说过："假如我能变得与其他的我有所不同，我愿意牺牲我现在所有的一切，可是无奈的是：我没有办法改变我自己！"

他偶尔也会放纵一下自己。他在卫斯里大学任教期间，有一次在观看一场足球比赛时，兴奋到了极点，以至于最后竟然从看台的座位上跳进场内，领导拉拉队不住地呐喊助威。而当他在百慕大大学执教时，他常常纯粹是为了能和黑人船夫聊天而去划船。

威尔逊恐怕是美国最有学问的一位总统了，然而，他直到11岁时才开始读书写字，读侦探小说是他最大的消遣。

他对艺术不太感兴趣。他常说，自己宁愿到"一角商店"去买一张石印的五彩画，也不想要那些所谓名画家的价值连城的杰作。而且，他还说，他宁愿去看一场普通的滑稽剧，也不愿去欣赏那所谓的高品位的莎士比亚名剧。他说他去剧院的目的不是去接受教化，而是为了纯粹的消遣取乐。所以，他当了总统之后，几乎每星期都要去观看一次杂耍表演。

他一生中大部分时间都很贫穷。他当教授时薪水非常有限，以至于他的太太不得不靠卖自己的画来维持全家的生计。威尔逊因为生活窘困而没有钱买好衣服，即便当上总统之后，依然如故。

有一次，威尔逊总统的仆人坚持要求总统把他的旧西服送到裁缝店，将旧衣襟换一下，但是威尔逊总统的回答却是："不用了，现在还没有必要换，它至少还可以再穿上一年。"

威尔逊在饮食方面没有太高要求，对自己的饮食漠不关心，他几乎吃所有摆在他面前的东西，而且他好像常常不知道自己每天都吃了些什么。他一生最多只吸过一支雪茄，或者可以说连一支也没有吸完过，而且在吸完后还因此病了一场。

他唯一的奢侈，就是喜欢买那些在他看来可爱的书籍。

在威尔逊那冰冷的外表下面，有一颗感情丰富又最易动感情的心。凡是真正了解他的人都说，他比罗斯福总统还要热情。他做总统后的第一件事就是给他太太买了一件舒适的貂皮大衣。他的太太在他做总统一年后就去世了，结果，他竟不让人们把她的尸体移出白宫，一直让她在他身边停了两小时。之后，他将他太太的尸体放在沙发上，在旁边守了整整三天三夜都不肯离去。

他被称为智力上的伟人，但是他并不擅长各种语言，对于世界上重要的文学作品也不怎么熟悉，他对科学不怎么关心，尤其对哲学缺少兴趣。

他在开始自己的事业之初，选择的是当律师，但是在律师这一事业上他却败得一塌涂地。他从未替别人辩护过什么案子，他一生只为唯一的一位顾客处理过财产纠纷，而这位顾客就是他的母亲。

威尔逊性格中最大的弱点是做事缺乏策略和手腕。从他自己晚年的回忆来看，他毕生的愿望就是要成为一名出色的政治家。他经常在自己的房间里练习当众演说，往往一练就是好几个钟头。为了提高自己在各方面的能力，他甚至在墙上贴了一张图表来时刻指导自己形成一个适当的姿势。然而，他只是一味地想着怎样对待别人。在他逝世前不久，他还一再遭遇到友谊破裂之苦。他和参议院主席发生了争执；和他最亲密的挚友豪斯上校断绝了关系。最后，他又因为授意国民只选民主党人担任政府的官员，而使许多本国的国民都对他产生了反感。

在美国参议院拒绝接受参加国际联盟的提议之后，威尔逊便直接诉诸全国人民，要求全民公决。他的身体本来就不是很健康，医生也警告他不要过于操劳，但是他一点也不听劝告。在他总统任期的最后一年里，这位曾经一言能撼动全球的智慧天才，竟病弱到了需要有人把着他的手才能签名的地步。

在卸任总统职务后，他反而更加受到人们的爱戴。威尔逊退休之后，从世界各地涌来的人都到他在华盛顿的家里去拜见他。他去世后，来朝拜的人们都在他家门外的通道上为他的灵魂祝福。

印度圣雄——甘地

有人尊奉甘地为"圣人"，也有人认为他是印度神的化身，是他振臂一呼，把印度人从数百年的睡梦中唤醒了。

你还能够记起来吗？好多年前，在印度有一个穿着破旧、身材瘦小的棕色人，他躺在一张帆布床上，宣布绝食，并劝其他人也吃素，一直等到他死。这件事在当时令全世界为之震惊，各大报纸都争相将它当做重要新闻，用大标题来刊载——因为这个绝食的人，正是默罕达·甘地，他是 20 世纪的一位世界性伟人。

如果从金钱角度来衡量的话，甘地是个不折不扣的穷光蛋。假如他卖掉他在尘世上的全部家产，一共也值不了七毛五分钱。然而，他本身却比世界上任何一位百万富翁都更富有力量。

在身体上，他是柔弱不堪的，他拒绝使用武力或暴力。然而，他的学说和精神感召力却要胜过一百艘英国战舰。

印度在世界人口中占有比较大的比例。然而，它数百年来都在梦中沉睡，因此尽管人口众多，可是这又能怎么样呢？任凭你长得高大，又有什么用呢？但是，像甘地这样一位瘦小得连百磅也不到的人，他振臂一呼，却唤醒了所有的印度人。

关于甘地，有许多传闻都值得记述。例如，他那副假牙，他不吃东西时总是将它放在他那破旧的衣服里，只有吃东西时才把它安放在嘴里；吃完饭以后，立刻又把假牙拿出来洗一洗，仍旧放在他那破旧的衣服里。

他讲英语带有一点爱尔兰口音，这是因为最初教他英语的老师是爱尔兰人。

现在，他除了围着一条腰布外，不穿其他东西。但是，当初他在伦敦住的若干年中，可是经常头戴一顶丝绸帽，脚穿一双短靴套，并且还常常挂着一根手杖，活脱脱一个绅士。他从伦敦大学毕业，后来当了一名律师。但是，当他第一次在法庭上发表演说时，他双膝打颤，害怕得非常厉害，以至于不得不在一阵纷乱中，颓然地坐了下来。

他虽然缺乏当律师的才能，但却做过一件对人类有着重大意义的事情，并因此而每年获得一万五千美元。

他同情那些还在贫困中挣扎的同胞，又看到许多同胞死于饥饿之中，所以他认为自己的成就实在微不足道，并将他所获得的钱全部用于救济穷人，他立志要终生为那些贫穷的人服务，全力以赴去帮助他们。

从那时起，他就一直献身于一项帮助穷人和那些正在遭受别人蹂躏的人的神圣工作。今天,有十分之一的印度人民(比美国密西西比河以西的所有居民加起来还要多)因为没有饭吃而过着忍饥挨饿的生活。他们的生活是那样无望,以至于连甘地都劝他们不要再把小孩带到这个充满太多悲惨和贫困的世界上来。

甘地尝试了各种食物,想要发现怎样才可以生活得最俭朴而又无损于健康。现在他主要靠水果、山羊奶和橄榄油来维持生命。

甘地提倡的"不合作主义"起源于美国作家戴维·梭罗的思想。梭罗在从哈佛大学毕业后,自己花了28美元在一个偏僻的湖滨建造了一间茅屋,开始了隐居的生活,并拒绝向政府纳税。因此,他曾遭到逮捕,但他出狱之后却写了一本书,书中一再主张"每个人都不应该纳税"的观点。

后来甘地读到了这本书,他大为叹服,并决定采用这一策略。他觉得英国政府没有使印度真正独立,因此他大声疾呼,警告英国,并呼吁印度民众:"宁可入狱,也不纳税!"并掀起了一场抵制英货的运动。当英国政府向他们开征盐税时,他们就跑到海边自己晒盐。

根据印度教的教义,大约有6000万印度人被永远地打上了贱民阶级的烙印。这就是说,如果你是在印度出生的,而你的祖先又不幸在两千年以前被印度教打上了贱民阶级的烙印,到今天,你一出生就注定还是一个属于贱民阶级的人。

作为一个贱民阶级的人,你要为先人所犯下的罪恶而被罚受苦。你不能饮用从村子里的井里面汲出来的水，而只能跑到外面去喝路旁肮脏的小沟里的浊水。你处处被人讨厌、被人嫌弃。

奇怪的是，在这种情况之下，你渐渐地也会自以为卑贱了：你不敢进商店买东西，小心谨慎地站在很远的地方，等待人们把东西扔给你。你既没有资格进学校，更不配进入讲公理的法庭，你将遭受千万人的诅咒。如果你的影子投射到了某些食物上时，这些食物就只有被抛弃，再也没有人会吃它了。

贱民阶级的人数几乎相当于美国全部人口的一半。他们的处境是今天世界上最悲惨、最可怜的。甘地现在正在以他的全部生命，献身于为他们争取正当权利的斗争。他甚至收养了一个贱民阶级的小女孩，并把她抚养成人，爱护她就像爱护他自己的亲生女儿一样。

甘地被千百万人看做一位圣人。还有另外一些人则相信他是印度神灵的化身。在一个充满着可鄙的贪婪和自私的世界里，面对这位自己一无所求，为了别人能够过上幸福生活，而自己去死的人，我觉得自己只能卑微地站在他面前。

奥匈帝国太子——鲁道夫

爱江山更爱美人，为了自己的爱情，他毅然决然地放弃了
皇位。

1889 年 1 月，在一个寒冷、多雾的清晨，太阳出来前不久，
从奥匈帝国的皇太子鲁道夫的游猎别墅里发出了三声枪响。应
邀到这所别墅来度假的鲁道夫的朋友们立即赶到出事地点，使
劲地捶打着通往皇太子卧室的门，但却没有丝毫反应，于是，
他们急忙把房门撬开，冲进他的房间。

进入房间后，映入眼帘的情景令他们惊恐万分，他们被惊
得目瞪口呆，简直喘不过气来。房间里凌乱不堪，椅子被打翻
在地，空香槟酒瓶纷乱地倒在地板上，枕头上沾满鲜红的血迹，
墙上也是血污斑斑。皇太子鲁道夫穿戴得整整齐齐，躺在床上，
脚上还穿着猎靴。他的头颅已被打得粉碎。

在他身边，躺着他深爱的女人，一颗子弹从她的颧骨穿了

进去，把她打死了。她那漂亮、茂密的棕色头发掩盖住了伤口，鲁道夫平时最喜欢温柔地抚摸她这头秀发。在她身体上没有丝毫明显受伤的痕迹，她就像一位希腊女神一样美丽，死的时候和活着的时候一样可爱。

这一幕悲剧，大约发生在半个世纪以前的奥地利。然而那次谋杀——或者也可能是自杀——也许直至今天对人们的生活还有影响，它的确对世界历史的发展产生了一种深远而持久的影响。

为什么这样说呢？解释起来很简单。

如果这位有民主倾向的皇太子鲁道夫不死的话，那么在1914年，他很可能就会拒绝奥国的军队与他向来瞧不起的德皇同流合污；拒绝与他所爱慕的英国作战。也许根本就不会有第一次世界大战，和至今还影响着人们的经济大萧条。

到底是鲁道夫先枪杀了他的爱人然后自杀的呢，还是第三者将他们两人一起谋害了呢？谁也不知道事实的真相。

这一悲剧的浪漫色彩引起了很多人的兴趣，他们写了许多关于这件事情的书籍——德文的、英文的、意大利文的，各种语言的都有。不过,也许永远都不会解开有关这件悲剧的秘密了。

当枪声响起时，在那所游猎别墅里只有鲁道夫的两个朋友——科堡的菲利普王子与贺约斯伯爵。他们两个人都认为那是自杀，他们知道——几乎每一个维也纳的人都知道——皇太子鲁道夫的婚姻极不幸福。

八年前，他娶了比利时国王的女儿——金发的斯迪芬妮公主为妻。但是，他并不爱她，她也并不爱他。他们完全是由于政治上的原因才迫不得已结合到一起的。许多年以来，他们一直疏远着。她很少到他的房间里去。然而，当她发现他注意别的女人的时候，却妒忌得要命。

鲁道夫曾到许多地方游历过，能够讲 10 种语言，写过一些书，极受本国人民的爱戴。实际上，他在维也纳也受到了人们的普遍尊敬，是奥匈帝国国民心目中的偶像。1888 年，也就是他死前的那年，他碰到了玛丽·费采拉男爵夫人，一个千娇百媚、年轻活泼的女人，她的血管里流着古希腊人的血液。当时她还只有 19 岁，他 29 岁，两人一见钟情，很快便坠入了浪漫而狂热的爱河。

他们热恋的绯闻令整个维也纳为之轰动，连那些向来沉默寡言的人也非常关注这件事。一时间流言四起，终于有一天，这些传闻传到了那位严厉的老皇帝弗兰西斯·约瑟夫的耳朵里了。

起初，他对于他们的这种交往装作不知道，因为他自己在道德方面也并非毫无瑕疵。但是，这件事并没有因为人言可畏而有所改变。

后来，情形发展得越来越坏，人们甚至开始公开对此进行诋毁，维也纳和布达佩斯所有的人都在窃窃私议。于是，弗兰西斯·约瑟夫便把他的儿子鲁道夫叫到宫里，要求他终止这种放荡的、越轨的恋爱行为。

但是，鲁道夫为了捍卫自己的爱情，坚决反抗父皇的意见，发誓绝不放弃玛丽。弗兰西斯·约瑟夫不禁大发雷霆，想通过威吓使儿子屈服，但结果仍是无济于事。因为对鲁道夫而言，他所挚爱的玛丽远比尊荣富贵、光彩夺目的哈布斯堡的皇冠还要珍贵。

在和父皇的那次冲突之后，鲁道夫和玛丽便经常到他的游猎别墅里去秘密约会。那所别墅隐藏在离维也纳大约有 30 英里远的丛林之中，这足以避开一些无聊的人。在 1 月的那个致命的星期里，他们又偷偷地来到了那儿，想在那里过几天自由快乐的日子。

但就在这时，突然发出了三声枪响——它改变了世界历史的进程。

在悲剧发生的那个早晨，鲁道夫原本打算要去打猎的。因此，在清晨六点半钟他就被仆人叫醒了。但是他的仆人告诉他，那天的雾很大而且非常冷，鲁道夫只得打消了去打猎的念头，吩咐仆人备车，准备起程回维也纳。

这个仆人是在鲁道夫死前，见到他的最后一个人。他说皇太子那一天的心情很好，脸上带着微笑，可以说是很快乐的。因此，这个仆人断定鲁道夫和玛丽是被人谋害的。

鲁道夫死后，他的父皇并不想将这件事情声张出去，他吩咐御医签署一纸声明，宣称鲁道夫是中风而死。但是御医却拒绝了他的这道命令。

鲁道夫穿着帝王的服饰，与他那统治了奥地利达 600 年之久的哈布斯堡王室的祖先们葬在一起。但是，他心爱的情人的尸体则被人丢在一个衣箱里，放在那所游猎别墅的仆人伙房里好几天，没有人照管也没有人注意。

最后，在一天晚上，她被葬在了浓密的松树林深处的一所寂静的修道院中。

僧侣们把她的尸体放在一个粗糙的松木棺材里——用粗劣的木板拼钉而成的一口棺材。当她被放进棺材时，木板上残留的树皮上还挂着她的衣服。她和鲁道夫一同幽会时所戴的那顶帽子，就放在她的头下给她做枕头。

松林间叹息的悲风，是她唯一的安魂曲。

法界硬汉——丹诺

他成为那个时代美国最伟大的律师，缘于一个乡村妇女的侮辱。

大约在 70 年前，一位小学校的女教师拧了一个小学生的耳朵，因为这个小学生坐在椅子上经常动来动去。这个女教师是当着许多学生的面拧他的耳朵的，这个小孩感觉自己受到了莫大的羞辱，在回家的路上哭个不停。虽然这个小学生当时只有 5 岁，但是他已开始憎恨残酷的暴力和不公正，并发誓一生都要为此而抗战。

那个小学生就是克拉伦斯·丹诺。后来，他成了美国最著名的律师，毫无疑问，他是那个时代的最伟大的刑事律师。他的名字多次在全美各大报纸上以特大号字体出现过。他是一个仗义之士、革命者、叛逆者、斗士，他是被压迫者的福音。

他第一次代理的案件，至今还被俄亥俄州阿什塔比拉城的

51

老人们所津津乐道。这桩激烈的案件，却只是为了一套仅值五块钱的旧马鞍。委托人只愿为此案出五块钱的诉讼费。于是，丹诺便自己承担了其他的诉讼费，这一案件前前后后经过了七个法庭，争辩了七年，他最终胜诉了。

丹诺对金钱和权势从来不曾有过野心，他说自己永远是一个懒汉。他原本是乡下的一名教员。有一天，在他那原本平静的生活中发生了一件改变他一生命运的事。当时城里有一位铁匠，这个人在工作之余自学法律。那一天，丹诺在这位铁匠家里，听到他和别人因一个案件展开的辩论。

丹诺对这位铁匠的机智和演说口才大为惊叹。那位铁匠在与人辩论时的风采深深地吸引了他，他也想试一试。于是，他向那位铁匠借了一本法律书，开始自学起了法律。每个星期一的早晨，他都把那本书带到学校去，当他的学生在做数学题或学地理时，一有时间他便抽空翻翻那本书。他承认，假如不是后来发生了一些事促使他奋发向上的话，他可能一辈子也只能做一个乡村教师了。

他和他太太决定从阿什塔比拉城的一位牙医手中将一所小房子买下来，双方事先达成协议总房价为 3500 元。丹诺将他仅有的 500 元积蓄从银行取出，剩下的 3000 元双方商定采用分期付款的方式支付。这宗买卖几乎就算办妥了，但到了最后，牙医的太太却无理地拒绝在合约上签字。不但如此，她还用带有侮辱性的口吻对丹诺说道："小伙子，我就不相信你这一辈子能赚出 3500 元来。"

丹诺非常愤怒。他再也不能在这个城里待下去了，激愤之下，他去了芝加哥。

他在芝加哥第一年只赚了 300 元——这点钱连付房租的钱也不够。但是到了第二年他的收入却是第一年的 10 倍——达到了 3000 元——这是他充任该城特别律师所获得的报酬。

丹诺说："当我时来运转的时候，每件事似乎都顺着我的心意。"不久他就当上了芝加哥西北铁路公司的大律师，并且走上了一条轻松赚钱的道路。后来，他遇到了一个暴力事件，即罢工运动。在这一事件中充满了仇恨、暴动和血腥！

丹诺是同情罢工的工人的。当铁路公司的总经理尤金·德布斯来找丹诺商谈起诉讼的事情时，他辞掉了自己的工作——他不但不替自己的公司辩护，相反却帮助罢工者申辩。那次辩护就是大律师丹诺所代理的许多激烈、意义重大的案件之一，而实际上，他经手办过的每个案件都可以说翻开了美国法律史上的重要一页。例如，著名的凶杀犯利奥波德与洛布在刺杀小宝宝弗兰克斯之后又投案自首这个案件。

公众对这一凶残的案件大为震惊。而丹诺居然担任这两个凶手的辩护律师。他的行为激起了公愤，人们都痛骂他、打击他，指责他为这两个罪人辩护的行为。那么，他为什么要这样做呢？

丹诺说："我要尽我所能与仇恨和罪恶作斗争。凡是我所代为辩护的人，都是被判处过死刑的。而且，如果有人被判处死刑的话，我觉得这就像是要杀我一样。我从不敢读有关死刑的故事。遇到要处死犯人的那一天，如果有可能的话，我会跑得离城远远的。我强烈反对杀人。"

他说罪人是由社会所造成的，并且每个人都有可能犯罪。

丹诺深知审判的滋味。他一度被指控贿赂了审判官，并且只能通过自己的口才为自己辩护。他一生最感激的人，就是当他自己受审时，一位以前他曾为之辩护过的人对他说："听我说，你曾经把我从绞刑架上救了下来，现在你遇到了危难，我应当帮助你。我愿意把和你作对的主要见证人全部杀死，而且不用你花一分钱。"

在几年以前，丹诺出版了一本书《丹诺自传》，讲述的是有关他一生的故事。我还记得当时读到他讲自己的人生哲学这一章时，我被感动得彻夜难眠。

他这样写道："我不知道我这一生真正完成了多少事情，我这一生中也做了很多错事，不过让我感到慰藉的是，我也尽可能地从多舛的命运中享受乐趣。我尽力让自己的每一天都不虚度，在我的心中，永远只有自己将要前进的方向和奋斗的目标。我并不认为自己已经老了，整个世界都摆在我的面前，我还可以无穷无尽地利用它。现在，这一生的路程似乎已经快走完了，未走的路途是这样的没有尽头，而足迹所踏过的又是何其短暂。"

法学权威——霍姆兹

他 93 岁高龄，仍在读修养的书。

这是影响全美国法学界人物的故事。美国史上最杰出的学者奥莉微・温德尔・霍姆兹（Oliver Wendell Holmes）是一位极富趣味性的人物，火灾现场、地方戏剧等处，都有他的足迹。对于侦探小说更是迷恋。他出生于 1841 年，当时美国只有 27 个州，卒于 1935 年，享年 94 岁。

他对美国百年来一流人物的种种事迹，非常了解。少年时以大思想家 Ralph Waldo Emerson 为偶像，他与父亲同名，父亲是一位有名的博士，也是美国随笔文学《早餐桌上的独裁者》的作者。

他的父亲非常注重早餐的营养，尤其喜欢吃一种由橘子、柠檬制成 Marmalade 的果酱，总是大把大把地吃。霍姆兹小时候也非常喜欢吃，这也许是造就他那伶牙俐齿的原因。即使 70

年后，他当选美国最高法官时，出席相当严肃的会议，仍能侃
侃而谈。他还时常说："学者不必太庄严，应该有轻松之一面。"

有一次晚上，到华盛顿欣赏喜剧，霍姆兹法官整晚捧腹大
笑，笑声之大，令旁人为之侧目，完全像是换了个人似的，"我
时常感谢神，能让我拥有如此快乐的时光。"

他曾以非英国人的身份，荣获英国法学协会会员推荐的第
一个人物。如此伟大的学者却是如此平凡。在幅员广大的美国
社会中，这种人物实在少见。

1857年，他的父亲极力反对他就读法律系。在当时律师还
属于微贱工作的时代，他的父亲说："法律这等玩意儿，成不
了大人物，马上放弃学法律！"

但霍姆兹却认为学法律的人照样可以成功！他努力学习有
名的《英法批注》，宛如小说般一遍又一遍地读，任何一页都
深深吸引着他！

1861年哈佛大学毕业的前夕，南北战争爆发了。他立刻投
笔从戎，穿上宽的马裤，蓝色的上衣加上一顶大红色的帽子，
一副十足的美国大头兵似的，霍姆兹就从容地去参与战争了。
他在战争中前后受伤三次。有一次子弹从心脏附近穿过，把他
用担架抬到医疗处时，医生束手无策："这小伙子，伤得太重，
恐怕不久于人世了。"果真会死吗？这个来自波士顿的美国佬，
却逐渐从死亡阴影中复原。

过后两三年的1864年，他们冒险救了林肯总统的性命，
为国家建立伟大勋业。北军司令官格兰特将军正忙着处理里基

玛德（Richmond）的攻击时，南军正挥兵北上，直逼维吉尼亚州亚力库山多利亚，距华府盛顿只有 20 英里的路。

北军部队紧急聚集在史蒂芬斯要塞，做背水一战。从未到过前线的林肯总统，亦亲往史蒂芬斯要塞指挥。他站在靠墙的屋顶上，高高瘦瘦的特征，随意一望即知是林肯，而这位总统竟然站在敌人轻易可见之处。

一位将军趋前向总统说："总统先生，是否可请您离开这儿！"但林肯并没有接受。这时，前方 5 英尺一位从墙壁伸头而出的士兵，中弹倒地而亡，3 英尺前的另一位士兵也应声而倒。

突然，林肯总统背后传来一阵咆哮："大笨蛋！马上离开战火区！"

惊讶的总统先生回头一望，霍姆兹上尉正怒眼瞪他。

"哦！你不是霍姆兹上尉吗？"总统先生微笑着说，"你的语气像是对老百姓说话呢！"然后，才躲躲闪闪地跑到安全地带。

这件事要是传出去，霍姆兹当然会成为英雄人物。但他本人却不屑地说："英雄这名号，我不想要；我只是纯粹尽军人的义务而已，没啥大不了！"

战争结束后，他就像没有参与任何战役般地回到母校。明知学法律不是赚钱的途径，却仍然继续他的学业。当时坊间流行着——一年内能收回招牌的钱，就是相当成功的律师了。

事实上，霍姆兹连招牌钱都无法赚回。30 岁时，仍然过着三餐不继的生活。31 岁与青梅竹马的芳妮·狄克斯威尔结婚，双方穷得连一分钱都没有，不得不暂住父亲三楼的房间，依赖妻子勤俭持家，经过一年才得以搬家。所谓搬家，只不过租个药铺二楼的两三个房间而已，煮炊用具非常简陋。老霍姆兹博士的这个天才儿子，至此仍然一无所成。

霍姆兹利用余暇，潜心研究詹姆士·肯特所做的《美国法批注》，并将其修改成为符合现代的法典，这是非常艰难的工作。数万件的法案，皆须一件件研究、分析，然后加以诠释。他日复一日，年复一年地努力潜研其中。距离完成的日子，仍然遥遥无期，自己也变得焦虑不安。

男人四十而立——这是他所持的信念。然而，他已39岁了。每当时钟在半夜敲十二响时，他总是如此问："芳妮，40岁时，我能完成这部巨作吗？"他的妻子立刻将手上的编织停下说："没问题，你一定能完成的！"

果然，他在40岁生日的前五天，终于完成了这个工作，这个被称为美国法史上最伟大的巨作，终于完成了，他们夫妻俩开香槟互相庆祝。

消息传出，哈佛大学立刻以年薪4500美金聘其前往任教。

"法学教授，非常令人称羡的荣誉啊！"他马上与朋友乔治、乔达克商量。

"千载难逢的机会，千万别让它溜走啊！"乔治说，"但是，假如麻萨诸塞州聘请你担任检察官时，你得权衡轻重啊！"霍姆兹听了大声地笑着说："你这小子，别瞎扯了！担任检察官？根本不可能！"

但是他还是接受朋友的建议，到哈佛大学任教了。

3个月后，乔达克跑进哈佛大学，叫出正在上课中的霍姆兹兴奋地说："奥迪斯·罗德先生辞职了，麻萨诸塞州最高裁判所检察官的职缺，州长拟定聘请你担任；但必须在中午以前向审查委员会报告，现在都已11点钟了，快！"霍姆兹听了，赶紧拿了帽子，两人飞奔地离开。

一周后，他正式就任麻萨诸塞州的检察官。这突然的机运，改变了他的一生。

在他就任麻萨诸塞州的检察官时，人们给他一个绰号——反对者。

因为他总是毫不客气地反对其他检察官的意见。例如，1886年，劳工委员会提出派员监督商店的提案，与他产生争议；没有劳动经验的他，毅然拥护提案成立，丝毫不退让。他告诉他的友人说："坚决拥护这项提案，恐怕会断送前途呢！"然而明知前途会断送，却不肯屈服于现实的压力，彻底的信念使他不愿为了个人的利益，而改变立场。

虽然这种坚持立场的态度屡屡发生……奇妙的是，竟然没有阻碍他的前途，反而提高了他的地位。狄奥·罗斯福总统禁止垄断事业发生，而遭到反对者极力抵斥、抨击。罗斯福总统听到有关霍姆兹的各项传闻，兴奋地说："这种不畏权势压力的男子，最适合担任裁判所的检察官！"于是，紧急发布一项命令，聘请霍姆兹担任美国最高裁判所检察官。这是美国司法界最高的荣誉。

罗斯福总统以为如此一来，自己的主张将能畅行无阻。

事实却不然。霍姆兹若遇到不合理时，也毫无忌惮地反对总统。罗斯福愤怒地指责："没有骨气的家伙！比香蕉都软弱的笨蛋！"

虽然总统相当气愤，但人们却无比的欣悦，因为真正的检察官，必须凭着良心做事，不畏强权，才能保障国民的权益。30年来，他凭着良心做事，对于应该反对的事情绝不苟同，终于成为美国司法史上最受尊敬的人物。

他是华盛顿首府最多彩多姿的人物之一，却从不轻易接受记者访问。哗众取宠是他最不屑的。然而关于他的传闻却被人们热烈地传说着。例如：霍姆兹夫妻喜欢饲养动物，养了很多小鸟，拥有两只猴子、三只鼯鼠。鼯鼠在屋内飞来飞去，使他夜间不得安眠，只得在开庭时打瞌睡。

80岁以后，他不再搭乘电梯，安步当车地走楼梯。如果听到有关火灾的消息，夫妻俩便飞奔到失火现场去围观。平常言谈举止不似上流人物，反而像是海盗一般。呼叫秘书时总喜欢用"喂！小鬼！""小伙子""这个混蛋小子"的口气。

1928年，华盛顿首府有个新闻记者向一名法院的职工打听霍姆兹的事情，这个职工回答说："他是最高裁判所内最年轻的检察官，因为他专门跟其他检察官吵架！"听到这话的霍姆兹捧腹大笑，当时他已经87岁了，是最高裁判所里最老的一位。

霍姆兹曾说："除非上帝宠召，否则我绝不退休离职。"91岁时，老态渐露；退庭时已需两名同事扶持。某日，他告诉书记说："明天不来了！明天不会再出庭了！"果然，那天成为他最后出庭的日子。

两年后，霍姆兹的 93 岁生日时，刚就任的富兰克林·罗斯福总统前往致贺时，霍姆兹正在书房读柏拉图传记，总统问他："为何读柏拉图的传记呢？"他回答："为了修心养性。"

93 岁高龄的人，为了修心养性而读柏拉图传记，全美国恐怕找不到第二人了。而霍姆兹对于美国司法界的影响，恐怕无人出其右吧！

还有，霍姆兹约有 25 万美元遗产，全部捐献给美国政府，藏书也全部捐赠国会图书馆，他将一生贡献给社会国家，成为全美司法界优秀的榜样。

霍姆兹法官 40 年来法律的改革，得到国际法学界的认同，因而声名大噪，他特别著名的言论是以拥护言论自由闻名，著作颇丰。

演讲大王——杰克森·姆斯

具备所有成功条件的冒险家，拥有 400 万听众的演讲家。

1916 年春天，任教于普林斯顿大学法律系的教授打通电话要求与我见面。他要做一次阿拉斯加幻灯片的演讲，亟需一位筹办的助手。

翌日，我和那位教授见面了——一位非常具有魅力的男人。他是一位好客、热情、精力旺盛、胸怀大志，具备了所有成功条件的年轻人。我深信他是一位会成名和发财的人物。

当时，他正一步步地登上美国名人界的坦途。根据《时代周刊》的报道，年收入有 20 万美元呢！这个名叫劳威尔·杰克森·汤姆斯（Lowel Jackson Thomas）的人，大家都昵称他为"东尼！"

1930 年，东尼每周有五日往来美国东半部地区，从不缺席地从事新闻节目的广播。广告业者长久地支持他的节目，而且，自从 1934 年起，他所主播的新闻影集更风行于全美各地。

前后十数年间播放《再会，明天再会》这个节目多达数千次，如果编辑成书，将不下千百册。

初认识他时，他只是一位大学教授而已，且时常做一晚两美元或三美元的演讲。然而他从默默无闻的人，爬上个人最高峰时，我都非常注意他的发展。他谦逊、诚实、体谅的个性，始终不变。而且从不论人是非，全世界中，似乎找不到他的敌人。

东尼的一生，受双亲的影响颇大，双亲皆是教师，后来父亲转业行医，年过七十仍在新乔治亚州执业行医，最近也在海军某单位，担任内科及外科主治医师。

东尼小时候非常喜欢阅读旅游及冒险的书刊。对于马可·波罗或麦哲伦的传记，《鲁滨逊漂流记》等小说，更是爱不释手。于是，立志走遍天涯海角来写一本自己的传记。后来他实现了这个梦想，很少人能像他这样吧！

他仅花数年的工夫，即走遍了欧洲、亚洲、澳洲各地，也追随英国皇太子抵达印度，鲜为人知的阿富汗也曾留下他的足迹，回国时所带回的照片，还是美国人拍摄的第一张呢！印度、缅甸、马来西亚等政府，皆特别提供交通工具给他，连大象也被派上了用场。他将各地的奇风异俗记录成照片。

他所出版的书不下四十册，这些书仅仅标题就足以骇人听闻。例如：《劳伦斯出阿拉伯记》《攀越卡拜鲁大峡谷》《冒险大行进》《杀不死的人类》等等。

他不只喜欢旅行，也喜欢做旅行演讲。因此，他接受许多的教育，包括印第安纳州的马鲁派拉索大学（Balparaiso）、连马大学（Denbar）、芝加哥的肯特律大学、普林斯顿大学——合计四个大学毕业。

实际上，他付不起任何一所大学的学费，因此利用暑假到处打工赚取学费，曾在科罗拉多州的印第安保留区牧羊割草、饲马、挖金矿等等，尔后，也曾在芝加哥的报社担任实习记者。

冬天，为了解决食宿问题，他也曾在餐厅当跑堂，有时也到教授住处帮忙挤牛奶，有时也做不动产的买卖、代课老师，偶尔也举办演讲。

1915 年，第一次世界大战时，前往欧洲的旅客锐减。东尼想，目前正是介绍美国名胜古迹的演讲时机。虽然有了这个构思，但缺乏旅费、住宿费、照片费，他以过人的推销手段，引人入胜的说服力，实现了这个构思，来自铁路公司、汽船公司的经费支持，使他能从西部各地旅行到阿拉斯加。我曾听他演讲"阿拉斯加之旅"，果真令人耳目一新，尤其是风景照片美不胜收。

威尔逊的内政部长布兰克林，听了他的演讲后更是难以忘怀。1917 年，美国加入战争，向德国宣战，布兰克林说服威尔逊总统派遣东尼赴海外摄取战争的照片，然后以这些照片配上他的演讲，唤起人们的参战意愿。

他毅然接受这项艰巨的任务，但是在没有薪水、没有经费的支持下，困难重重……

但东尼却以他的舌灿莲花说服了芝加哥的 18 位富豪，募得 10 万美元，使他能穿梭于世界各地，摄取第一次世界大战各地前线的照片。经过 18 个月出生入死的拍摄，他终于回到美国，这些逼真的照片或影片包括了法国、比利时、意大利、巴尔干半岛诸国，甚至他还将奥里米将军于巴基斯坦战绩的战争，一五一十地拍下——这是土耳其军队扫荡耶路撒冷、伯利恒、拿撒勒的大战役。然而最精彩的是有名的"阿拉伯的劳伦斯"。

"阿拉伯的劳伦斯"是一位沉默、内向的青年考古学家，他跟随阿拉伯酋长们，向土耳其展开游击战争，破坏土耳其的铁路、交通运输等行动，是第一次世界大战中，最富传奇性的英雄人物。

东尼带着照片、影集，在纽约市第一剧场连续数个月的演讲，造成空前的大轰动，甚至，英国也邀请他前往伦敦演讲关于英军在中东各地英勇的战迹。

很荣幸，我与东尼有工作上的接触，使我能目睹那些花了不少时间排队购票，等待他演讲的观众。数个月来，演讲会场的哥本特剧场每天人潮不断，盛况空前，使得接档的 Grand 歌舞剧的开演，一而再、再而三地被迫延迟。最后，演讲会场移到 Royal Albard Hall 举行，每晚聚集 15000-25000 名听众，"阿拉伯的劳伦斯"的事迹，透过他的演讲，流行整个英国（后来名导演戴维·连，更将"阿拉伯的劳伦斯"搬上屏幕，成为电影史上重要的电影之一）。

前后数十年，东尼在世界各地做巡回演讲，听过他演讲的人，将近四百万人，在英语语系国家所作的演讲，约有四千场以上。

1930 年，是东尼人生的一个转折点，《读者文摘》广播新闻节目，聘请他担任每日新闻的报道，藉此，他的名声渐渐地在社会上传开。每星期十多次的新闻播报、每周二深夜的新闻影集、每年两三册的出版物，以及数以万千仰慕者的来信等等，这些繁琐的事务，皆依靠他优秀的幕后工作群策划处理，他自己则珍惜每分每秒努力地工作。有一次，他快错过了从伦敦开往澳洲的船班，于是，他一边向书记人员口述笔记、一边将车开往岸边，越过栏杆时，仍然在叙述着，一直到攀上舷梯时，仍不停地说着。

夜总会的宴会、上流社会的社交活动等等，无法引起他的兴趣。骑马、滑雪、足球等嗜好之中，他最爱滑雪，冬季时，一星期有将近 5000 英里的滑雪记录。

他的妻子法兰茜斯·莱恩是他在连马大学时代认识的美人。他唯一的儿子劳威尔·汤姆斯·乔利恩也是旅行家、探险家，尤其在滑雪方面更超越他父亲。

在他的播报生涯中，曾发生一个小插曲。当他对着麦克风播报新闻时，突然发现少了五页原稿，播报时间尚多，只好播放音乐掩饰，这是秘书的疏忽，但他没有任何责骂的语气，反而向满脸愧色的秘书说："你是一个优秀的人才，这种事情，没啥好责备的！"——他那绝不乱发脾气的个性，正是建立良好人际关系最成功的地方。

大约发生在 10 年前，某日他在波士顿演讲完毕，走下讲台时，数名债主蜂拥而上，要他立刻偿还欠款。原来他曾在 20 年代时，借了几百万美金，由于时运不济，造成严重的破产。债主伙同律师前来讨债。他真诚地邀请债主到后台喝茶商谈，一清二楚地清算账目，然后诚心诚意地要求——让他继续演讲，才有能力偿还本息。这些原本怒气冲冲而来的债主，回去时，个个都成了他的好友。

之后，东尼一文不欠地还清所有的负债。东尼就是这样一个言出必行的人。

东尼的著作丰富，自传《大家晚安》（1976 年）也闻名于世；《这是立体电影》曾得到美誉，但不知立体电影的发明是与他有渊源的，却大有人在。

第三部

大企业家

美国摩根大银行家——摩根

他被称为"美国最不善外交辞令的人"。但他富可敌国，他也直言无忌。

谁是当今世界上最有权力的人？墨索里尼还是希特勒？这当然是见仁见智、各说各的。但是，有一件事却是毋庸置疑的，那就是，在全世界的金融界，最有权势的人无疑就是J·摩根——美国的金融领袖，银行业的独裁者，全世界股票、公债的操纵者。

然而，他个人的私事却鲜为人知，我们可以毫不夸张地称他为一位神秘人物，他一向避开人群，尤其对摄影记者反应冷淡。

当他动怒时就会表现得非常暴躁，简直可以说是不顾一切。事实上，他是一位直言无忌的人，被称为"美国最不善外交辞令的人"。

他身材高大，体重有两百多磅，这种健壮勇猛的体质使得他几乎对一切都毫不畏惧。比如，有一天，一个疯子闯进了摩根的办公室，掏出手枪来准备向他射击。摩根本来完全可以立即躲到另外一个房间里去，逃过这一劫。但摩根却没有这样做，相反，他径直迎着那黑洞洞的枪管走过去，立刻"砰"的一声枪响，子弹射中了摩根的腹部，但他仍然强忍着剧痛，蹒跚着向前走去，一下子把那个疯子扑倒在地，并夺过了他的手枪。然后，他终因体力不支而轰然倒地，他的家人得知后赶忙把他送进医院。这一次枪伤离他的致命处仅仅隔一英寸，死神与他擦肩而过。

如今，一位普通人想要走进这位世界金融之王的办公室——纽约银街23号，那座低矮而臃肿的卫城式建筑——几乎是绝对不可能的了。每逢旅行社的导游带领游客来到此地时，都忘不了把这座建筑物被炸弹炸过的痕迹指给游客们看。那是发生在1916年的一场恐怖事件留下来的唯一痕迹，那次事故导致四十人死亡，二百余人受伤，财产损失达200万元。

那次事故发生在一天正午。当时正是下班时间，人们从各个办公室走出来，没有一个人留意摩根大楼对面的一匹瘦弱的老马和一辆破旧的马车。

突然，空中闪出一道红蓝夹杂的火花，紧接着就是一声巨响，一声猛烈的爆炸，那幢高大的建筑被震得摇摇欲坠。原来，是一枚装有上百磅烈性炸药的巨型炸弹爆炸了，街道上四处飞舞着炸裂的碎片。

成百上千个门窗被震得支离破碎，玻璃从楼上如暴雨一般倾泻到人行道上，被炸断的胳膊、腿甚至还有人头从二三十英尺高的窗子里抛了出来，落到地面上。很多人被炸得缺胳膊少腿，大街上血流遍地，叫喊声、痛哭声、呼救声混成了一片。消防车、救护车的呜呜声使这一悲惨纷乱的情景显得更加可怕。在这场纷乱下来之后，那辆装载着炸弹的马车和那匹老马只剩下了半个车轮和两只马蹄铁了。

这一次阴谋所针对的目标是摩根先生，但他当时根本没有在现场，而是在欧洲。他回来之后，发誓不惜任何代价一定要将这次恐怖事件的罪魁祸首缉拿归案。

他悬赏五万元巨款捕捉这次恐怖事件的策划者。纽约警察厅、联邦调查局、间谍以及私人密探全体出动，这是历史上规模最大的一次缉捕行动。这次缉捕行动遍及全球的各个角落。离开美国口岸的船只都要接受检查，加拿大和墨西哥的边境也在进行搜查，纽约、芝加哥以及其他 12 个大城市的黑社会，都受到了严格的检查，以寻找线索。

此次缉捕的花费，已达到了救赎一位被绑架的国王的赎金，但结果却是一无所获。这件事到如今已经过去二十余年了，而那次离奇的事件仍然还是一个谜。

如今，有两个全副武装的密探日夜守护在摩根办公室的楼下，来确保摩根的安全；低矮的房顶上也铺上了厚厚的防弹钢板。在这所坚固、朴素的建筑的密室里，摆放着两排桌子，一前一后排列着，像小学教室里的桌椅。在这些椅子上，总共坐有摩根的 18 位助手，在他们的最右边——好像是校长在考场监考一样——坐着这家公司的首领摩根先生。

历史上再也没有其他的私人银行在世界各国的政治上掌握如此重要的大权。就是当年意大利佛罗伦萨的富商梅迪西或欧洲的巨富罗思柴尔德家族也不曾这样威风过。罗思柴尔德家族从拿破仑手中拯救了欧洲。但是凭借摩根一家的经济力量，却使得联军在这座命运多舛的星球上有史以来最为血腥的战争（第一次世界大战）中取得了最后的胜利。

令人意想不到的是，1915 年摩根财团却背上了巨额外债。摩根公司为全体联军在美国作军需代理商。他们买了一批又一批价值 10 亿元之巨的军需品。这样，他们在一个月之内花的钱甚至要多于全世界所有人在一月内的花费。

摩根在烟雾弥漫的伦敦的生活习惯一如在喧哗的纽约。他父亲在世时，曾经营摩根公司伦敦分公司多年，在他回到纽约之后，便把英国人吃下午茶的习惯介绍给了美国人。甚至直到现在，他在伦敦的格洛维诺广场还有一所房子。他的所有仆人还一直留在那里，以备他随时到来。他有时候一连数月都不会去一次，但是，餐桌上仍旧要准备好开饭的陈设，烟囱照常冒着烟，床上的床单也收拾得整整齐齐，随时恭候他的到来。

摩根是美国圣公会的顶梁柱，然而，他长期同罗马教皇十一世保持着通信联系。当他到罗马的梵蒂冈时，他会和教皇促膝长谈——你猜猜他们会谈些什么，他们谈的内容是一些有关用中古时代的埃及文写成的书籍。

摩根的私人图书馆里藏有很多欧洲修道院教徒的手稿，它们的历史比哥伦布发现美洲还要早五百多年。他收藏着极为珍贵的莎士比亚亲笔写的剧本。他还有一本稀世珍贵的《圣经》，这一本《圣经》价值 20 万美元。摩根对莎士比亚的戏剧和《圣经》的熟悉程度是举世皆知的，不过，他也酷爱读一些悬念迭起的侦探小说。

在艺术鉴赏上，摩根继承了父亲的遗风，他也是一位优秀的艺术鉴赏家。他在名画、雕塑作品、瓷器、珠宝上所花费的钱财上亿。每当他出售一件无价之宝时，纽约全城的报纸一定会在头版头条刊登这一新闻。

每年圣诞节前夕，摩根图书馆都会举行一次奇特的仪式，摩根的儿孙们，以及少数亲朋好友都会聚集在此，聆听狄更斯的《耶诞欢歌》中的一段故事。不过在这里，用的剧本可不是一般的印刷品，而是狄更斯亲笔写的那部小说的原稿。

摩根虽然称得上是富甲天下，但是他的兴趣却很简单。例如，他喜欢戴着一项破帽子，身穿一件旧衣服在雨中散步，让雨点纷纷洒落在自己的脸上。

摩根很爱他的太太，自从她于 1925 年去世以后，他让她的房间一直维持着她生前的样子，未做任何的改动。她患有一种奇怪的睡死病，摩根虽有亿万财富，却无力挽救他所挚爱的人的生命。

他的太太对花卉情有独钟，她是一个要求其成员亲自动手管理花园的协会的成员之一。摩根受到他太太的影响，虽然他是这个世界上最有钱的人，但他仍会穿上工作服，在他的私人花园里锄草、整理枝干。

钢铁大王——卡耐基

他从不名一文的穷光蛋变成了亿万富翁，并且塑造出许多的百万富翁。

安德鲁·卡耐基出生的时候既没有医生，也没有接生婆，因为他们家穷得请不起。他最初替别人做事的时候每小时仅挣两分钱——而他后来却赚了4亿美元。

一次，我到苏格兰的邓弗姆林镇去旅行时，还特意到卡耐基出生的那个村庄去参观过。他家里只有两间房子，楼下的一间供他父亲在里面干纺织活，而他们全家都在楼顶上的一间又黑又小的房子里吃住。

当卡耐基全家移居到美国时，为了养家糊口，他的父亲不得不挨家挨户去推销自己织的桌布；他的母亲则为一家鞋店刷洗缝补鞋子。安德鲁只有一件衬衫，因此，他的母亲必须每晚等他睡下之后，赶忙把它洗净、晾干、熨平，以便明天他能接着再穿。她一天的工作时间达到了 16-18 个小时。安德鲁很孝敬母亲。在他 22 岁时，他发誓在他母亲的有生之年自己绝不娶妻，他确实也做到了这一点。母亲在世的这几十年间，他一直都是孤身一人。他直到 52 岁才结婚，他的独生子出生时他已经是 62 岁高龄了。

当卡耐基还是个小孩子时，他就常对母亲说："妈妈，等我将来有一天发了财，你就可以不必再如此操劳了，我要给你雇许多仆人，我还要给你买最好的丝质衣服，并专门为你买一辆车子。"

他经常说，他的思想是母亲给他的，他成就伟大事业的主要动力是对母亲深深的敬爱。他母亲死后，他悲痛不已，以至于在其后 15 年内，一提到他母亲的名字就会忍不住泪流不止。有一次，他还替苏格兰的一位老妇人偿还了一笔典当房子的欠款，原因仅仅是这位老妇人长得很像他的母亲。

安德鲁·卡耐基被称为"钢铁大王"，然而他对于冶炼钢铁的学问却知之甚少。但他手下却有数百甚至数千位钢铁专家为他工作，使他得以致富的唯一原因便是他能够知人善任。他在很年轻的时候就表现出了优秀的组织能力和领导才能，这种才能使别人乐意替他工作。

当卡耐基还是苏格兰一个乡下穷小子的时候，他捉到了一只母兔，这只母兔不久便生了一窝小兔子，但是他却没有东西来喂他们。在这种情况下，小卡耐基忽然心生一计。他对那些邻居小孩子说，如果谁能弄来金花菜、车前草来喂养他的小兔子，将来他就用谁的名字来称呼这些小兔子，以作为对他的荣誉纪念。这一计策果然非常奏效。

后来，卡耐基在自己经营企业时，也运用过同样的心理策略。举例来说，他打算将钢铁卖给宾夕法尼亚州铁路公司，当时该公司的经理是汤姆森。于是，卡耐基便在匹兹堡城建造了一个大的钢铁厂，并把这个钢铁厂命名为"汤姆森炼钢厂"。自然，汤姆森非常高兴，不经劝说就买下了以自己的名字命名的炼钢厂出产的钢轨。

卡耐基早年在匹兹堡曾做过负责递送电报的工作。每天的工资只有五角钱，当时这五角钱在他的眼中已经是一笔数目很大的钱了。由于他是刚到城里，人生地不熟，生怕丢了饭碗，于是，他就把该城商业区的每家公司、商店的字号、地点都牢记在心，以免送报时出什么差错。

他希望自己能够成为一名接线员，因此他晚上自学电报，每天早晨提前跑到公司，在机器上练习。一天早晨，公司忽然收到了一份电报。这是一份从费城发来的紧急电报，但是当时接线员都还没有上班，于是卡耐基立刻跑去代为收了下来，并赶紧将其送到了收报人的手中。之后，他就被提升为接线员，薪水也增加了一倍。

在做了接线员以后，由于他工作勤勉，态度积极认真，因此引起了公司的注意。后来宾夕法尼亚州铁路公司建立了一条某段专用的电报线，卡耐基被指派为接线员，随后被升为监理的私人秘书。

使他走上致富之路的是一个偶然的机会。一次，在他坐火车去某地的途中，一位发明家坐在他的身边，拿出了自己发明的新卧车模型给他看。当时的卧车车厢非常粗糙，几乎就是将几个床铺焊在货车车厢里，而这位发明家的这种新型卧车与现代的普尔曼式国际卧车非常相似。

卡耐基身上具有的苏格兰人特有的机警和远见，使他预见了这项发明必将前途远大。于是，他借钱购买了那个公司的股票。当时该公司的股票利息非常优厚，当卡耐基25岁时，他每年从这笔投资中所拿到的分红就达五千元。

有一次，由于铁路在线的一座木制桥梁被烧毁了，使得火车中断通行。卡耐基当时身为该段铁路的监理，他觉得木制桥梁已经无法适应时代的发展了，将来必将被铁桥所代替。于是，他借钱开办了一家制造铁桥梁架的公司——果不其然，他们生产的铁桥梁架大受欢迎，财富顿时滚滚而来，势不可挡。

卡耐基27岁时几位朋友集资了四万美元，在宾夕法尼亚西部的油区买了一块地，后来，他们发现这块地每年竟然能出产100万元的石油。这时，他每周的进款已经达到了1000元，而在15年前，他每天只能挣两角钱。

卡耐基的钢厂不停地工作着，他的钱财像涨潮一样上升，直到他的钱财多得简直到了让人不可思议的地步。人类历史上，还从未有人想过能得到这么多的财富。

然而，他从来不会埋头苦干。他把大约一半的时间都用在了消遣上。他说，他的周围有许多助手，这些助手所懂得的东西要比他多得多——而他只需督促他们为他聚财。他是苏格兰人，但并不像苏格兰人那样爱财如命。他让他的同伙分享自己的利益，由他造就的百万富翁的数目比其他任何人所造就的都要多。

他一生只在学校待过四年，但他却写了游记、随笔、传记等八本书。卡耐基个乐善好施的人，他曾捐赠给国家图书馆6000万元，为高等教育捐了2800万元。

他对彭斯的所有诗集都烂熟于心，并能背诵莎士比亚的《麦克白》《哈姆雷特》《李尔王》《罗密欧与朱丽叶》及《威尼斯商人》等剧本。

他并不是任何教堂的教徒，但他捐给教堂的大风琴就有七千架。

他花掉的钱加起来有3.65亿元，这就相当于在一年中他每天要花去100万。后来，全国的各大报纸都举行了有奖策划活动，为卡耐基征求妥善、合理花费他的巨额财产的方案。他曾经说过："抱着财富而死，是一种耻辱。"

石油大王——洛克菲勒

一位太太当初料定他日后不会有什么出息，拒绝把自己的女儿嫁给他，但他日后却成了大名鼎鼎的石油大王。

石油大王洛克菲勒一生曾经做过三件惊人的事情：

第一，他赚的钱几乎是历史上最多的。他在最初创业时，是在烈日之下给别人挖马铃薯，一小时赚四分钱。而后来，当在所有的美国人中间，资产超过100万元的富翁还不到五六位的时候，洛克菲勒所赚的钱就已经达到了10亿至20亿。

然而，他爱上的第一个女孩却拒绝接受他的爱情。这是为什么呢？因为那个女孩的母亲当时看不起洛克菲勒，断定他将来不会有什么作为，她认为如果自己同意了这门婚事就无异于把自己的女儿往火坑里推，她当然不愿意这样做。因此，她毫不客气地将这位未来的石油大王拒绝了。

第二，他所花出去的钱比当时任何人所花的都多：他一生总共花了 7.5 亿，这也就是说，自从耶稣降生以来，他每分钟都要花费七角五分钱，或者是自从 3500 年前摩西带领以色列人民渡过红海至今，他每天都要用去 600 元。

第三，洛克菲勒仍然健在。他是最令美国民众嫉恨的一个人。他曾经接到过数千封恐吓说将要置他于死地的匿名信，他日夜都受到全副武装的贴身护卫的保护，他为开创与管理他的巨大事业费尽心血。

为事业操劳过度使铁路大王哈里曼，在 61 岁就离开了人世。

创办"五分一角"联合百货公司的富豪伍尔沃斯，在 67 岁时因心力交瘁而死。

资产数亿元的烟草大王德瑞斯·杜克，死时也才 68 岁。

但是，石油大王洛克菲勒所赚的钱比哈里曼、伍尔沃斯和杜克三人加在一起的还要多，然而到如今他还健康地活着，虽然已经是 96 岁高龄了。在 100 万白种人当中，只有 3000 人能够活到 97 岁，而且 100 万人之中没有一个人到 97 岁时还不用戴假牙，但是洛克菲勒的嘴里却连一颗假牙也没有。

他这样的长寿秘诀是什么呢？也许他是天生长寿。除此之外，他还有一种非常镇定恬静的性情，他从来都是不急不躁的。

当他担任美孚石油公司的经理以后，在他百老汇街 26 号的办公室里，放着一把长椅，不管有多么重要的事情，每天中午他都要睡半个小时的午觉。就是现在，他一天仍要小睡一次。

洛克菲勒在 55 岁时突然得了一场大病。但这对医学史来说是最难得的一个机会。由于洛克菲勒生病，他拿出了数百万元的巨款作为医学的研究费用。由于他身体的衰弱，洛氏财团每年都要拿出 100 万元来增进全世界人类的健康。

1932 年，我在中国，当时中国正闹着严重的霍乱，我去北京洛氏财团所设立的协和医院打防疫针。在那时我才明白，洛克菲勒给世界各地人民所谋的福利是何等巨大。洛氏财团曾致力于消灭全世界的钩虫病，曾战胜了疟疾，曾发明了黄热病的注射用药品。

洛克菲勒赚的第一块钱，是帮助他的母亲养殖火鸡。时至今日，他还在他的 8000 英亩的农场上养了一窝火鸡，为的是能唤起他对童年时代的回忆。

他把母亲给他的小硬币全部收了起来，放在壁炉上的一个茶杯里。他曾为一个农场工作，每天的报酬是三角七分钱。就这样，他靠做工赚到的工钱加起来总共有 50 元。他把这 50 元借给他的雇主并收取 7 厘的利息，结果发现他一年所得的利息相当他做 10 天苦工所得的酬劳。

他说，从那时起，他就决心要让金钱做他的奴隶，而不是他做金钱的奴隶。

尽管洛克菲勒财富惊人，但是他并没有因为有钱而惯坏他的儿子。举例来说吧，他在修整住宅的栅栏时，让他的儿子搬木材，每搬来一根栅木给他 1 分钱。那一天，他的儿子搬了 13 根栅木，就得到了一角三分钱。洛克菲勒又让他的儿子动手修理栅栏，每小时给一角五分钱的工资，他的母亲向他学习小提琴，每小时给他 5 分钱的报酬。

　　洛克菲勒没有上过大学。他中学毕业之后，曾在一个商业学校上了几个月学。他在 16 岁时就放弃了一切学校的功课。然而后来他却捐赠给芝加哥大学 5000 万元。

　　他一直对教会非常感兴趣。他年轻时曾在星期学校教过书。他不会跳舞，不会玩扑克牌，没有去过剧院也不曾喝酒或吸烟。每顿饭前他都要祈祷，每天都要读一段《圣经》。

　　洛克菲勒的财富在不断增长着，大约每分钟可增加 100 元，然而洛氏唯一的愿望就是能活整整一个世纪。他还说，如果到 1939 年 7 月 8 日，也就是他一百岁诞辰时，他还活在人世，他一定要在他的庄园里组织一支乐队，来为自己游行庆祝，并且演奏《麦姬！当你我都还年轻时》这首曲子。

报业泰斗——赫斯特

他虽然通过继承 3000 万美元的巨额财产而成为千万富翁，但他从未停歇过，五十年如一日，每日持续工作 15 个小时。

你有没有想过，如果你拥有 100 万时，你将如何使用这笔钱？威廉·伦道夫·赫斯特每个月就有 100 万进账——他每天的收入达 30000 元。当你在阅读这篇短故事的几分钟里，他大约又会有 100 元进账。

没有一个人叫他威廉·伦道夫·赫斯特或威廉。甚至他最亲近的朋友也只叫他"W·R"，而他手下的 7 万员工在谈到他时，都是说我们的"头儿"。

他经营的种类高达 24 种，出版的杂志总计九种，拥有读者几百万。他是世界上最富有、最有影响力的出版家，他的名字在美国可谓是尽人皆知，家喻户晓，然而他却是一位很神秘的人。一般人对印度伟人甘地的私人生活的了解，也要比对赫斯特的了解多很多。

最令人惊讶的是，身为全美出版大王的他，竟然是一位相当沉默且羞涩的人。半个世纪以来，他不断应邀在各种公共场合发表自己的观点。但事实上，他非常不愿意见陌生人。平时，他总会邀请 10-60 位客人住在他加州的豪宅里。他认为最有趣的消遣，便是悄悄地离开他们，独自去玩牌。当他到了纽约之后，他最感兴趣的事就是逛街。

美国西部规模最大的产业就是赫斯特在加州的牧场。这个牧场足有 25 万英亩，从海岸线开始一直延伸到内陆 50 英里开外的地方全部都是他的。

他在海拔两千公尺的山顶上建了一座壮观的摩尔式城堡，并取名为"迷人的山峦"。他花费数百万元巨款对这座城堡加以装饰，城堡墙上挂的是当年挂在法国城堡里的壁毯。幽静的大厅里挂着欧洲名画家林而兰、鲁木斯以及拉斐尔等人的珍贵名画。在他招待朋友的大餐厅的周围，摆放着珍贵的艺术品。不过吃的东西却没有什么特别的，用的也是一些普通的纸餐巾。

赫斯特对动物有着浓厚的兴趣，他养了许多野兽，当年的马戏大王巴纳姆的马戏团也无法与之相比。成群的斑马、水牛、豹子、袋鼠在山上乱跑乱叫；在树林中有数千只奇形怪状的鸟儿乱飞；雄狮和老虎在他的私人动物园里不停地怒吼。

我的一位朋友梅森先生专门到法国为赫斯特购买古董。赫斯特时常购买一整船的艺术珍品，有时甚至会把一所城堡整个买下来，然后再把它们拆下装箱运回美国。每一块石头、砖瓦、木材都编号注明，然后他再依照原样把它们重建起来。

他买的艺术品实在是太多了，后来他不得不在纽约买了一个大仓库存放那些他用不上的东西，这个仓库雇用了20位工人，每年所需的经费是6万元，而这里边所存放的物品，从布谷鸟报时钟，到埃及出土的木乃伊等，简直是无奇不有。

赫斯特的父亲是密苏里州的一个农夫。在1849年兴起淘金热时，他跋涉了两千英里跟着一队牛车，一路抵抗着印第安土著人的攻击，终于到了西方发现了金矿，成为一名百万富翁。到他年老时，总喜欢在自家院子里的一棵大树下休息。后来，赫斯特发现这棵大树恰好挡住了他从窗户眺望大海的视线。赫斯特不忍心砍掉老父亲所喜爱的那棵树，结果他花了4万美元，请植树专家把那棵大树移了30英尺。

他非常喜爱鸟兽。一次，好莱坞的电影公司的一群制片人特意坐飞机来与赫斯特针对一件重要的事情进行商谈，他却因为要照顾一条掉了半截尾巴的蜥蜴而让他们等候了很久。还有一次，他深夜派人乘自己的汽艇去接一位名医来治疗一只断了一条腿的袋鼠，并花了500元的医药费。

赫斯特现在已经七十多岁了，但他还能打网球，甚至还能做剧烈运动。他已经打了40年的网球，但现在他为了提高自己的球技，仍在不断地学习。他是一位优秀的业余摄影师，每年他都会拍摄几千张照片。他还喜欢打猎，有一天，和朋友坐汽艇在海中游玩时，他一手持枪，只见他的手随便一抬，"砰"的一声一只海鸥就被击落了，而且是准确地击中了海鸥的翅膀。

　　他喜欢跳踢踏舞，也擅长模仿和讲故事。他的脑袋简直就是一部百科全书。如果你问他英国亨利八世的许多后妃的芳名或美国历任大总统的名字，恐怕一百次中你也不会碰到一次他犯难的时候。

　　有一次，吉姆·沃克和著名喜剧演员查理·卓别林到赫斯特的牧场上去拜访他，他们为《圣经》中一段内容的准确措辞而争论不休，结果赫斯特把这一段话逐字逐句背了下来，从而结束了这场争论。

　　他喜欢和年轻人在一起，他不允许别人在他面前提到"死"字。

　　他父亲给他留下了3000万的遗产，他本可以悠哉悠哉地逍遥一世，但是他50年来，每天都要工作8-15个小时，50年来从不间断。他曾公开表示：除非有一天上帝要召他去了，否则他坚决不退休。

大出版家——波克

在波克年仅 14 岁的时候，就结识了美国许多最伟大的名人。

有一天，一个饥饿的小孩从学校回家，在经过一个面包店时，站在窗外，注视着里面诱人的热圆饼和鸡蛋糕。

面包师从店里走出来对他说道："很好看吧，不是吗？"

这个流浪到美国的荷兰小孩回答道："如果窗子再干净点，就更好看了。"

那个面包师说："哈，也好，那么你肯帮我把窗户擦干净吗？"

这就是爱德华·波克所做的第一份工作。虽然当时他每星期仅能挣到 5 角钱，但这些钱在他眼里，却是一笔不小的财富。因为当时他的家庭可以说是穷困潦倒了，为了生活，他每天都要提着个小筐到处去捡那些从拉煤车上掉落的碎煤。

波克刚到美国时还不会说英语，以至于在课堂上无法听懂老师说了些什么。他一生在学校接受教育的时间加起来还不到六年，然而，后来他却成了美国新闻史上最成功的杂志编辑之一。

他承认自己几乎完全不懂妇女们真正想看的是什么，然而他却创办了世界上最大的妇女杂志，并且杂志办得非常成功。到他退休的那个月，那份杂志卖出去了约 200 万册，每一期的封面上一个单页的广告收入就高达 100 万元。

波克担任《妇女家庭》杂志编辑长达 30 年之久。在他退休之后，他将自己一生的故事写成了一本书，名为《爱德华·波克在美国的经历》。

自从替面包店擦过窗户之后，波克又用那些集邮爱好者搜集绝版邮票的劲头去寻找工作。他在星期六的早晨出去卖报；星期六下午和星期天向那些坐马车旅行的客人们兜售冰水、柠檬水；到了晚上，他就为报社写各处举行的生日宴会以及茶会的新闻报告。他每星期大约能够赚到 10-20 元，这完全是他在课余时间的工作收入。当时他只有 12 岁，到美国还只有六年的时间。

他在 13 岁时就辍学了，到西联电报公司做了一名办公室的清洁工，但他时刻都在想着读书。于是他开始了自学的历程。他把车费和饭钱节省下来，直到够买一部《美国名人传记全书》。同时，他还做了一件前所未有的事，他在读完许多名人的生活纪事之后，就写信给他们，请求他们再给自己多讲一些关于他们童年的经历。

他写信给不久后当选为美国总统的加菲尔德将军，问他小时候是否曾经在运河的拖船上做过事。他向格兰特将军写信询问某次战争的情况。于是，格兰特在回信中为他画了一张军事地图，详加解说他所提出的问题，并且还邀请这个 14 岁的小孩一同吃晚餐，和他谈了整整一个晚上。

这个在电报公司办公室工作，每周赚六元二角五分钱的小孩，就是通过这种方法，没用多长时间竟结识了当时的众多名人。他曾拜访过杰出的诗人埃默森、宗教家布鲁克斯、名作家霍姆斯、诗人朗费罗、林肯夫人、《小妇人》的作者奥尔科特、谢曼将军和名演员约瑟芬·杰斐逊。

一天，他在街上看见一个人打开一盒香烟，把香烟中附赠的一张人物照片取出后，随手就把它揉成一团扔掉了。他捡起那张照片仔细端详了一番。那是一张政治家的照片，但是在照片的背面是一片空白。波克想："如果在这张小纸片上将这位名人的小传也写上的话，它大概就不会被人随便扔掉了。"

波克想到这里，忽然心生一计。第二天吃完中饭后，他就找到了印有那张图片的公司。他想办法拜访了那里的负责人并给他谈到了自己的想法。他极其诚恳、热切地向他讲述了这项工作的必要性。结果，在临走之前，他就得到了一个合同，为一百张名人图片写一些简略的传记，他写每个小传可得的报酬是 10 元——也就是说一个字 1 角钱。不久他便被委托写更多的名人小传，以至于他忙得不可开交。于是，他就找了几个人来帮忙，每个传记给别人 5 元报酬——他从中赚取一半。

后来，他把在电报公司的工作辞掉了，开始专心从事印刷事业。他去费城接手《妇女家庭》杂志的编辑事务时只有 26 岁，一直做到他 56 岁。在那 30 年的时间里，他为自己在美国新闻界奠定了一个举足轻重的地位。当然，他赚了很多的钱，然而一个人的成功并不能只用金钱来衡量。让我们来看看爱德华·波克对于普通人都做过什么重大的贡献。

我们先从你每天所吃的食物说起。由于他大声疾呼食物清洁法规，现在人们吃的东西更卫生和便宜了。现在你居住的城市与以往相比，毫无疑问清洁了很多，这是因为他曾拼命攻击当时城市中到处都是的那些污秽难看的垃圾堆。

现在，你们住的房屋与以前相比，更美观、更适宜居住了，这是因为他曾强烈批评过维多利亚时代那些丑陋的建筑。当时的房屋过于讲求装饰而显得杂乱无章，而且价格也非常昂贵。波克第一个带头聘请最好的建筑设计师，来设计美观适用而又价廉物美的住房。在这件事情上，他大获成功，因此，罗斯福总统曾对他说过："对美国的建筑有重大贡献者，除了爱德华·波克外别无他人。"

在他退休后直到去世的十年时间里，他便着手绿化环境的运动。他从祖国荷兰运来许多树苗，种植在街道两旁，使人看了赏心悦目。他还提倡在所有铁路车站上种上好看的玫瑰花。但他最著名、最永久的纪念物，是位于佛罗里达州的神奇的"鸟鸣塔"。起初，那里只是一片不毛之地，如今却变成了绿树成荫、鸟声不绝于耳的天堂。树林中矗立着一座粉红色大理石砌成的两百英尺高的钟楼，在阳光的照耀下，它的影子倒映在如镜的湖面上，煞是美丽。

钻石大王——布雷迪

钻石大王布雷迪是那么富有并受人瞩目,然而,他却打了一辈子光棍。

在第一次世界大战期间,钻石大王吉姆·布雷迪,这位百老汇的阔佬与世长辞了。他的逝世使纽约上流社会失去了一位罕见的怪人。他在世时大宴宾客的盛宴是继古罗马君王在夜莺的甜美歌声中消亡以后绝无仅有的。

有时他会在一天当中在纽约城同时开设五场盛宴。这种盛宴的时间往往能够持续达 17 个小时之久,耗资达 10 万元之巨。他还喜欢在宴会上赠给来宾许多小巧的礼物,如钻石胸针、钻石怀表等等,每件都价值上千元,让客人带回家去留作纪念。

布雷迪的父亲曾经在纽约市的河边开过一家小酒馆,他就出生在这家小酒馆楼上的一间破屋子里。布雷迪小时候,在认字之前就认识了开酒瓶的软木塞。然而他本人一生却连一滴酒也没有喝过。在他独霸百老汇的时期，他每天在美酒上花费上千元，他在宴会上开过的香槟和美酒比莱茵河的河水都要多，但是他却把这些全部赠给了自己的朋友。最后当他的朋友们在宴会上喝得酩酊大醉，都趴倒在桌子上时，他却坐在一旁喝着淡啤酒解渴。

他的体重高达 250 磅，他非常喜欢吃，而且食量很大，他每顿晚餐要吃 15 道菜，有些菜往往还要两三份。随后，他还要再吃上一磅巧克力糖，还得带着一盒薄荷糖去剧院。他每星期赠送给朋友们几百盒糖果。他每月买糖果就要花费两三千元，他憎恶茶和咖啡，但是却嗜饮橘子汁。在他还未把餐巾塞到肥胖的下巴之前，他已经喝下了一加仑橘子汁，随后在吃菜时，他常常又会喝下一加仑橘子汁。有一次，他一顿饭就吃了六只鸡。这似乎是一个奇谈。但是当他年老时，有一次他生病，医生给他开刀治病时，发现他的胃的确比一般人要大上五六倍。

钻石大王吉姆·布雷迪的巨额财富是怎样赚来的呢？他是这个竞争异常激烈的国家历史上最杰出的推销员。此外，他的运气也的确很好。在美国的铁路还在使用木质车厢的时候，他就开始推销钢质车厢了。美国的交通不断扩张，铁道自东至西横亘全美，从加拿大到南部海湾到处都在修铁路。

钢车在当时还处在试验阶段，几乎没有人买它。因此公司与他签订的推销合同异常优厚，每卖出去一辆车，他就能够得到 30% 的佣金。不久，全国的铁道都改用钢车了，他们全都得摘下帽子来向吉姆·布雷迪说好话才订购得上。因为当时他是绝无仅有的卖钢车的人，没有竞争对手，他仅从卖钢车这一项生意中就赚了 1200 万。他正是那个时代的产儿，假如他晚生 50 年，再让他推销钢车只怕连每天的菜钱也赚不到。

他在全美从斯考西根到圣菲的知名度之大，是自马戏大王巴纳姆以后闻所未闻的。他把自己的身体全部用钻石装饰起来。他每天换一套珠宝，这些珠宝在一个月中不会重复。他时常会在一天中换六次珠宝。他在百老汇高视阔步时浑身上下佩戴着 2548 颗闪耀夺目的钻石，还有 90 颗红宝石，他的衬衣扣针全部用宝石磨成脚踏车或车的形状，就连他的袖口链也全部用宝石刻成火车头或货车的样子。

他在花费他的钱财上想尽了一切稀奇的方法。他在新泽西州一块田地上养了一些奶牛，每逢庆祝节日时，挤的牛奶都盛放在镶金的奶桶里。他的撞球桌上嵌着玛瑙和琉璃。他的扑克牌筹码是用玛瑙和珍珠制成的，他花费 33 万元巨款聘请一位设计师为他的房子装潢。每年他都要把用过的家具赠给朋友，他自己再买新的。

他赠给当时的当红女星莉莲·拉塞尔一辆脚踏车，上边镶着赤金和数百颗钻石，以及红绿青色的宝石。当莉莲女士骑着那辆车子去纽约五号街时，竟导致观赏的人把街上的交通都堵塞了。

钻石大王吉姆共有 5000 条手帕和 200 套衣服，而且他绝不允许自己不穿阿尔伯特王子的服装，头上没有戴丝质礼帽就出现在公众场所。他每次去公共场所都穿礼服、戴丝质礼帽，即便是坐着铁道手摇车（一种老式的交通工具）到乡下去，（那里除了野狗之外，没有人能看到他）他仍要穿上礼服，戴着烟筒式的高帽子，并握着他那嵌着钻石的手杖。

钻石大王吉姆出手阔绰，好多年来，他随便地把大把的钱借给所有向他求助的人。他当然知道这些都是有借无还的，但他却毫不介意。他说："作为一名博施者是很有趣的，如果你有能力的话。"

到他知道自己即将离开人世时，他发现自己手中还保存着别人向他借钱时打的欠条，这些欠条加起来一共有 20 万元。他有生之年做的最后一件事就是将那些借条全部烧掉，免得人们担心他会向他们讨债。他说："假如上帝召唤我，我就去死。我绝不会在死后给任何人留下麻烦和痛心的事。"

他死后，他曾经拥有过的那些巨额财产大部分都捐给了慈善事业。他的钻石、珠宝总共价值二百万。这些钻石、珠宝后来都拍卖出去了。因此可想而知，现在许多贵妇所戴的珠宝、钻石当年都是豪华盖世的钻石大王的财产。

布雷迪是那么富有并受人瞩目，然而他却打了一辈子光棍。他曾经拿着一百万献给莉莲·拉塞尔，求她嫁给他，但遭到了她的拒绝。他曾说："世界上不会有哪一个女人愿意嫁给我这样的丑八怪。"说完之后，就把头趴在桌上，像孩子般大哭了起来。

大军火商——萨哈罗夫

一个在学校只待过 5 年的人，后来却成了牛津大学的博士。

你知道全世界最富有、最神秘，并且最受人猛烈谴责的人是谁吗？

他就是巴兹尔·萨哈罗夫。20 年前，政府曾悬赏 10 万元去刺杀他。描写他一生的书籍不计其数。他是国与国之间普遍存在的猜疑和仇恨，所造成的最为奇特的现象之一。

在萨哈罗夫出生时，他的家境极为贫困，但他日后却积蓄了一笔世界上无与伦比的巨额财产。他这些无数的钱财是怎样得来的呢？——靠的是出售机关枪、大炮和烈性炸药。

"100 万人的墓碑，将成为他的纪念碑——他们死去时的呻吟惨叫，就是他的墓志铭。"——这是关于他的传记的开头。

当他 28 岁时，他得到了一份售卖军火的工作，每个星期挣 25 元（外加一定的佣金）。当时他住在希腊，他知道，卖军火的唯一法门就是要创造出人们对它的需要。于是，他千方百计地激起希腊的恐惧，告诉他们已经被凶恶残忍的仇敌所包围了，他们必须购买枪炮来防御敌人、保卫祖国。

这是五十多年以前的事情了。战争迫在眉睫，恐惧席卷了希腊全国，激起了希腊人民的战争热情。

一时间，军乐高奏，国旗猎猎，演说家慷慨激昂地对人民发表演说。希腊当局立即着手扩军战备，并从萨哈罗夫那里购买了大批的军火，其中还包括一艘潜艇——这可是希腊历史上第一艘潜艇。

这笔军火生意使得萨哈罗夫获得的佣金达数百万。然后，他又跑到土耳其人面前说："看看希腊人都在做什么事吧。他们正准备把你们从地球上驱逐出去啊！"于是，土耳其也购买了两艘潜艇。两国的军备竞赛不断升级，而萨哈罗夫却从中净赚了三亿美元，不过这些钱却浸透着无数人的鲜血。

一连半个多世纪，萨哈罗夫致力于蛊惑、煽动国家之间的恐惧气氛，刺激各国挑起战争。当日俄交战时，他同时向这两个国家贩卖军火。在西班牙战争爆发之际，他卖给西班牙的枪炮让许多美国士兵丧命。一次大战开始后，他持有德、英、法、俄、意各国军工厂的股票。因此，他的财富增加的速度简直令人难以置信。

一连半个多世纪，他都像一只狡猾的狐狸一样，悄悄地在欧洲的各种军事机关出入——他的行动绝对保密。

据说，他雇用了两个相貌酷似他的人，这两个人唯一的任务便是以萨哈罗夫的身份在公共场所抛头露面，这样可以让各家报纸发表他在柏林或是在法国蒙地卡罗的消息。其实，他当时却在另外一个城市进行他的秘密工作。他不愿意照相，也从不给记者接见的机会，对在他头上堆积的各种非难与指责，他全都不在乎。他从来都不为自己辩护，对自己的行为不作任何解释，永不反驳，永不回答。

26 岁时，高大英俊的萨哈罗夫爱上了一个 17 岁的女郎。他在从雅典至巴黎的旅行途中，在车上和她相遇，并在当时就想和她结婚。但不幸的是，她已经嫁给了一个比她年龄大很多并且精神失常的西班牙公爵。因为她的宗教信仰，离婚是不可能的，因此萨哈罗夫只有耐心地等待——他等了她几乎有半个世纪之久。

终于在 1923 年，她的丈夫死在了疯人院里。1924 年，她终于能和萨哈罗夫结婚了，此时她 65 岁，而他已经 74 岁了。他们结婚两年后她就去世了。她做了他 40 年的情人，却只做了他 18 个月的妻子。

萨哈罗夫去世前一直在巴黎附近一所富丽堂皇的别墅里消夏，可是，他的出生地却在土耳其一个遥远而偏僻、连窗户也没有的茅屋里。童年时，他睡在污秽的地上，两只脚上捆着破布保暖。他经常挨饿。他只接受了 5 年的学校教育，但他后来却能说 14 种语言，牛津大学还曾授予他"民法博士"的荣誉头衔。

1909 年夏季的某一天，这位欧洲的神秘人物在巴黎一家著名的动物园里散步，他看见园中的猴子大都有疥癣并且一副病恹恹的样子，就连这家动物园最为著名、平时威风凛凛的狮子，也正遭受风湿的折磨，对此他深感震惊。动物园到处都是衰败、凄凉的景象。后来他找到了该动物园的经理后，进行了强烈的谴责。

那位经理并不知道自己正在和世界上最富有的人讲话，便毫不客气地回答说，动物园变成现在的模样，这是他也不想看到的，但是他却没有维持这些动物所需的 50 万法郎。萨哈罗夫听了后说道："好吧，如果这就是你所需要的，那我给你。"

于是，萨哈罗夫签了一张 50 万元的支票来作为维护这家动物园的经费。那位经理因为辨认不出支票上的签名，还以为这位陌生人是在与他开玩笑，就把这张支票随便地和别的废纸放到了一边，以至于最后把它给忘了。直到几个月后，他偶然把那张支票拿给一个朋友看，令他大为吃惊的是这张支票竟然是真的，签支票者是当时法国最富有的人。

萨哈罗夫 85 岁时与世长辞，那时的他成了一个孤独可怜、年老体衰的病人，坐在轮椅上，由他的仆人推着。这时，他一生的幸福时光就是在那长满了玫瑰花的花园里度过的。他写了大半生的日记，还写了 53 本书，据说他让别人把所有有关他自己的这些秘密记录在他死后全部毁掉。

纽约大富豪——伍尔沃斯

他被认为愚蠢而拿不到薪水，后来却建造世界第一高楼。

这是几十年前的事了。在纽约州的瓦特顿附近，有位男子正在农场工作。他非常贫穷，一年中，几乎有半年的时间是打着赤脚的，更甭说有余钱可以买件外套以度过寒冬。

但是，贫穷对他非常有激励的作用，助燃了他激昂的意志，他很讨厌农场的工作，想做一位售货的商人。那时，他21岁，骑着一匹老弱的马，往纽约州卡士达镇去。沿着一间间的店铺，想要谋得店员一职；然而，没有人愿意雇用他。因为他是乡下来的笨家伙。连把头发梳齐、将衬衫打上领带的基本礼仪都不会。

他偶然遇见一位铁路局的站员，这位站员以开食品店为副业，他以无薪受雇于这名站员——因为他没有经验。

不久，受雇于布料店，然而却不能接待客人。老板似乎认为他必须大清早到店里生炉火，然后做扫除工作、洗窗子、送货。只有在客人络绎不绝时，才可以接待客人。而且半年内不能领薪。他回答——我在农场工作10年，才存了50美元。这些钱或许可以维持3个月的生活费用，那么至少从第四个月开始，请付我日薪5角吧！老板终于答应了。同时，每天必须工作15个小时，也就是每小时的薪资是3分钱。

在那期间，他也曾在一家周薪10美元的店里工作，但必须在枕头下放一把枪，睡在地下室——这是守更、防盗的工作。住进去后，才发现那实在是个恐怖的地方，一年到头老是被严厉申斥：怎么那么没用！要扣薪水喔！小心被开除……等等，简直成了奴隶。后来，他终于觉悟了，只好又回到以前的农场工作，整整一年，他都无精打采地做事。

这就是出生于1853年的伍尔沃斯（F.W.Woolwonh）的青年时代！他曾经认为自己不适合作生意，而从事养鸡业，后来却成为世界最大的零售商。

有一天，他意外地被以前的雇主叫回去工作，那是距今75年前的3月里，严寒的天气里，地上积着3英尺深的雪，那天刚好是父亲将马铃薯运到市场的日子，雪橇上载满了马铃薯，他坐在雪橇上，往纽约州瓦特顿而去。伍尔沃斯从此朝向连作梦也想不到的财产和权力的宝座上迈出一大步。

他成功的秘诀是什么呢？就是要掌握独特的灵感，如此而已。他借来300美元，设立了一家商品售价全是5分钱的店。他所设立的第一个店铺开设在纽约，但经营失败，曾经有全天营业额不到两元五角。最初设立的 4 个店中，共有 3 个店完全失败。

但是，借债经营并非良策，从此以稳扎稳打、慢慢扩展为方针，开业 10 年间，也只设立 12 家分店罢了。后来，他一跃成为全美第一流的资产家，建立了当时世界第一高的大楼，那就是纽约市有名的伍尔沃斯大厦，且以现金支付高达 1400 万美元的建筑费，并在住宅内设置价值 10 万美元的管风琴。

以前，当他还是穷小子时，遭遇无数挫折，几乎丧失自信，母亲来探望他，并且紧紧握住他的手，说："不要绝望，总有一天你会成为富翁。"

商品售价全是 5 分钱的店，并非伍尔沃斯独创的。他听说纽约市有这样的店，所以说服广告客户支持经营。他在 1912 年将所有此类的店购入伍尔沃斯公司，使得遍布全美及加拿大的分店高达 1000 家。伍尔沃斯大厦有 60 层，高 800 英尺，他逝世于大厦完成的 1919 年。

烟草大王——德瑞斯

五毛钱创造一个烟草王国。

世界首富德瑞斯（Doris Duke）之女已经结婚了。她私人财产大概有5300万美金之多，人们却称她为"可怜的富豪千金"，因为无论她到哪里总有侍卫随行，并且时常被新闻记者、摄影师跟踪，连买顶帽子，也有随行保镖两三人跟随，完全没有私人的行动自由。

德瑞斯拥有5处庞大的土地，美国境内4处，另一处在法国的里维耶拉。新泽西的面积有5000英亩，内有花团锦簇的花园，湖水清澈，绿草如茵，一望无际，绿色的建筑物点缀其中成为美国东部名胜之一。

这位富豪千金举行结婚仪式，当她出现在佛罗里达州的巴姆比基广场时，所穿着的竟然是3年前的旧款式服装。"虽然拥有庞大的财产，但最舒服的结婚仪式还是在熊熊烈火燃烧着的暖炉前取暖。"她说。

这位富豪千金的父亲究竟如何致富呢？——是靠香烟起家的。

被誉为烟草大王的达克家族，是在南北战争结束时开始创业的。当时战败的南军正处于惨淡的时代，军队所到之处，一片狼藉；田里没有任何作物，只得吃粟果及棉种混合煮成的东西代替食品；以树木的叶子代替蔬菜。德瑞斯的祖父华盛顿·达克（Washington Duke）为南军统领李将军的部下，在Richmond战役时被捕入狱，关入恶名昭彰的里比监狱，过着非人的生活。李将军战败投降后，她的祖父回到故乡北卡罗来纳州。

南军政府赐给他两头老盲骡，5元美金钞票一张，经过北军兑换后只值5角美金。他以5角美金、两头盲骡，加上两个丧母的孩子，开创坎坷多歧的前途。

战火所到之处，田里的作物都被士兵吃光，只剩下烟草而已。两个可怜的孩子巴克及班将这些烟草烘干、揉压、装袋后，堆在老瞎的骡马车上，出外贩卖，就这样他们创立了全世界第一大烟草王国。

他们在卡罗来纳州北部，以香烟交换熏肉及棉花。日落时，在路边野宿，吃着交换来的熏肉及马铃薯。所幸，他俩不以为苦，决心从事贩卖香烟的工作。

随着时代的演进，资本丰富的香烟制造工厂也有了数百家之多，竞争越来越激烈了。德瑞斯的父亲认为："没有突破性的技术发展，将被时代淘汰，不能生存。"几番苦思，终于想出可赚几千万美金的构想——纸卷香烟。

以目前而言，这并不是富有创造性的改革，但在当时却是一项革命性的新制品。俄罗斯人或土耳其人在几世纪前开始抽纸卷香烟，英国也在克里米亚战争后，引进纸卷香烟。然而，全世界香烟最大供应国——美国，早在1867年已传出纸卷香烟。

德瑞斯的父亲最初是用人工来卷香烟，当他发明卷香烟的机器后，每日产量由两千五百支提高至一百万支。他也发明包装香烟的机械。还有人记得"Mecca""The Era"等香烟吧！这些硬纸盒的设计也是出自德瑞斯的父亲。

业绩蒸蒸日上，为了配合政府调低香烟税金，他也将售价调低一半；大量地卖出一箱5分钱的香烟，使得竞争对手望尘莫及。

她的父亲接着计划开拓新市场，以25岁的年纪前往纽约开创新工厂。当时他发誓"效仿"约翰·洛克菲勒开发石油的精神，"我的香烟也一定会成功的。"

赚得的利润他又投入新事业的开创，虽然年收入有5万美金，他却住在简陋的房子里，从来不吃超过5角美金以上的便当。在这种俭朴的情况下，世界各地的连锁商店，迅速地开发成长。

他每天早出晚归地在工厂勤奋工作。从材料到成品都亲自严格地监督，从不假手于他人。

死后遗留的财产多达1.1亿美金，他自负地说"美国境内没有比我更富有的富翁。"他所受的教育仅仅四五年而已。他曾自嘲地说："如果是牧师或律师，则必须接受大学教育；像我这样的人，只要有商业头脑就可以了。"

他成功的秘诀是什么呢？引用他的话——

"我成功的秘诀，是在'努力'，而不在于头脑比别人好；那些头脑比我好的人，终究失败了，那是因为他们不够努力！"

这位不接受教育的人，竟然拿出4000万美金来扩大一所小规模的大学。这所大学至今仍用他的名字为校名（北卡罗来纳州的达克大学）。德瑞斯出任该大学的理事之一，他是全世界最年轻的大学理事。

德瑞斯不喜欢出风头，一生中只有一次接受访问，那次记者问他："拥有如此庞大的财产，你满足吗？"他摇摇头说："不！一点都不满足！"

德瑞斯企业业绩蒸蒸日上时，曾吸收其他同行，成立了一个巨大的联合企业王国，而在1911年时最高法院命令分割联合企业，在此之前他的工厂数量高达150个，另拥有一个5亿美元的烟草产业，他对于医院、教会、孤儿院等社会工作贡献颇大。

第四部

文学巨擘

美国大文豪——辛克莱·刘易斯

一通获得诺贝尔文学奖的电话，他还以为是朋友和他开的玩笑。

我与辛克莱·刘易斯（Sinclair Lewis）初见面已经是数十年前的事了。当时，我们两人正与其他五六位朋友，在纽约州长岛的自由港租借了汽艇，往两三英里外的海上垂钓鲔鱼等。当时，我很佩服他，因为他不会晕船，每当潮水不稳定、海浪变大之际，我就立刻倒在船底爬不起来，然而刘易斯仍然若无其事地钓鱼。就像柯鲁利基《老水手之歌》中所说，"如绘在海面上的垂钓者"的情况一般。

辛克莱·刘易斯首次造成轰动是在 1920 年，在此之前虽然也出了 6 本书，却一直默默无闻。直到第 7 本作品《main street》——即《大街》推出时，立刻在全国各地掀起一阵旋风，来自各地女性团体的责备声四起，牧师团体的贬低，报纸亦评其为美国社会的大耻辱，不仅在美国本土上引起了争议战，就连 3000 英里外的欧洲大陆，也对其产生了激烈的回响。他立刻成为美国文坛的超级巨星。在众批评家中也有人说，"嗯！虽然是相当好的小说，但是，这家伙恐怕要完蛋了。"

虽然如此，生长在明尼苏达州索尔克中心的红发刘易斯，反而藉此机会积极地从事写作。自此之后，竟然出了五六册的畅销书。现在不能再说他是"急就章"的出书了。其实他很慎重，是个孜孜不倦，对其作品不断修改的作家。

长篇小说《阿罗史密斯》，描述良心医师的艰苦奋斗。这篇小说虽然受到美国医学界的批评，但其草稿仍高达 6 万字。总之，仅是草稿，就有普通长篇小说的一半。他曾埋首于描写劳工与资本家对立的题材，达 12 个月之久，结果却将其原稿弃置垃圾桶。成名作《大街》也前后修改了 3 次，从刚开始动笔，直至成品堆山历经 17 年之久。

笔者曾经询问辛克莱·刘易斯："您认为您本身最惊讶的事情是什么？"他略加考虑之后答道："如果没有成为作家，或许在牛津大学教希腊语或哲学，不然，希望能迁居到山中，和伐木工人住在一起——我想就是这一点吧！"

他一年之中，有半年都生活在曼哈顿的高级住宅区的公园街，其余半年则在佛蒙特州的巴灵顿西南 80 英里的山中居住。那儿占地 340 英亩，种着蔗糖、枫树，青菜亦可自给自足，只有理发他才会进城去。

当笔者问及，"刘易斯，您身为名人的感觉如何呢？"他的回答是："嗯！烦死了。"如果他还得花时间去回信，不但写小说的时间没有，连睡觉休息的时间恐怕都没有了，因此，他多半将信投入暖炉之中看它烧掉。

他讨厌为人签名，不出席讲排场的晚宴，也时常会从文学同好的茶会中开溜。

当问及他早年奋斗的经过，他答道："有许多作家喜欢大谈其成名前艰苦的奋斗，对于那种事我很讨厌。一般说来，美国作家很少有艰苦奋斗的人，亦即不须辛劳也能立刻成功。就像医生、牙医及律师等一样的。因此，大谈艰苦奋斗的作家真笑死了人！"

笔者谈到"在负债150美元的当时，你是不是要比以往提早两三个小时起床，到厨房煮咖啡，然后在厨房的餐桌上拼命地写作？不论煮饭、洗衣都得自己来，同时在6个月内完成草稿，而且，最讽刺的是，6个月内，只卖出了两美元，有这种事吧？"

他答道："那也算不上辛苦。只不过是努力的练习写作罢了！想起来，那个时候还是最快乐的时光呢！"

笔者问他的作品至今卖出了多少？"大概的数字也应该知道吧！"他完全不知道，"不，不知道，心中完全没概念。"

因此，当我问他这次《大街》赚了多少钱时，他仍一无所知。他不把这种事放在心中，而将它全部委托给律师及会计师，所以他不知道究竟赚了多少。

辛克莱·刘易斯的生平，充满了各种经历。由于父亲在明尼苏达州的郊外当一名乡村医师，在为患者动手术时，他会帮忙施行麻醉。他曾担任家畜船上的水手横渡大西洋，并搭乘三等舱，远渡巴拿马找工作。他将童谣的稿子，及短篇小说的情节卖给杰克·伦敦，并曾在为残障读者所编的杂志社当过编辑助理。

他完全不做运动，他说，住在大都市里，只要走到公车站，打开巴士车门，再坐进去的运动就足够了。他对体育也全无兴趣，只知道棒球选手贝比·鲁斯，美式足球选手李特·格南吉——在有名的体育选手名字中，他只知道这二位而已。

"你是否曾被最初的3家报社开除过呢？"笔者问。

"不，不对，是4家哟！"他答道。

当问及，"是否能对有志于写作的年轻朋友们说些什么话？"时，答案是，"没有。"无论什么事，别人的忠告能有帮助吗——这是他的信念。

某日，有通电话打给辛克莱·刘易斯。对方以瑞典口音的英语告诉他，将授予他诺贝尔文学奖，当时他在明尼苏达州所熟识的瑞典人很多，因此，对这通电话感到怀疑，他怀疑有人用电话恶作剧。因此，他也与对方开起玩笑来了。

两三分钟后才弄清了真相。辛克莱·刘易斯大吃一惊，因为他获得了世界最高荣誉的诺贝尔文学奖。

《小妇人》作者——奥尔科特

写出世界第一本少女小说，却对其作品感到厌烦……

耶稣降生的五百年前，古希腊剧作家爱斯基罗斯，演出了不朽的悲剧《阿西娜》，从更早以前到安·尼哥鲁兹的喜剧作品《爱尔兰蔷薇》于1924年获得破纪录的成功为止，能与在纽约广播城剧场上映三周纪录的《小妇人》相匹敌者，除此之外再无其他。

电影《小妇人》在上映第17日时，其入场券的销路特别引人注目，排队买票的队伍长及数条街。该队伍让上街购买圣诞用品的人们目瞪口呆。此一情景，在纽约尚属空前！

然而，《小妇人》的原著，又是在什么情况下写出的呢？

《小妇人》为长篇小说，作者露意莎·梅·奥尔科特（Lousia May Alcott）年轻时是个不讲理的野丫头，即使长大成人，对女孩子应做的事也不感兴趣，以女孩子为主的小说更是少之又少。然而,出版社百缠不休,硬是要她写一本以少女为主的小说,因此她才勉为其难地答应了,心中却颇为厌烦。

作者若不能全心投入写作,就无法写出令读者感动的作品——这是作家们共识的公理,可是,露意莎在写《小妇人》时却是百般地不情愿。不但如此,她还深感厌烦,写到中途还一度将稿纸丢入纸屑篓里,然后吹声口哨,叫出所饲养的小狗到森林里去散步。要不然她就赶往朋友那儿去高谈阔论,这儿所谓的朋友就是大思想家拉鲁夫•沃尔多•埃默森。

《小妇人》一写完,作者就自觉那是一部失败的作品。然而,它立刻成为畅销书,而且数百年以来仍立于不坠的地位。仅美国的读者就有两千万人。数年前,在全美图书馆图书管理大会中投票的结果,《小妇人》成为全世界最受欢迎的女性小说。

露意莎是马萨诸塞州康克德人,年轻时是个朝气蓬勃的姑娘,她常常被视为“怪人”。吹口哨——这是一个乖女孩绝对不会做的事。与男孩子竞走,穿短裙及赤脚外出——这也是乖女孩所为者,爬上苹果树坐在树干上看书等等。这姑娘真不像话——这是城里的人对她的评语。

露意莎如何开始从事写作呢?那是因为她有个多病的母亲及一群妹妹,为了分担家计才开始写作,父亲是个大好人,是个与现实脱节的幻想家,偶而去传些没人想听的教义,赚个五元、十元的。然而,他多半都是待在家里无所事事,因此,一家人的生活极为贫困,经常是到了晚上,晚餐都还没有着落,简直是毫无依靠。

她那慷慨的父亲曾有一次，将仅存的一点柴火全部送给了一贫苦之家，妻女们说"我们也很穷呀！"的时候，他就说"喔！别担心，神会赐给我们柴火的。"大家没办法，只好缩进同一张床上，忍受着严寒。

当晚，强烈的大风雪侵袭新英格兰一带。次晨，出外一看，不知哪里的农夫将理好的柴火丢在雪地之上，好似故意丢在露意莎的家门前一般。父亲看见了就说，"瞧！这正是神的恩典。"然后出去将柴火拿回家。

露意莎第一次将所写的稿件送往出版社时，被人当皮球般地踢出。某些编辑人员甚至明白表示，她绝不可能写出受人欢迎的作品。并劝她就此打消写作的念头，倒不如去当裁缝师来得好些。

露意莎一家人所住的木造白漆房子，至今仍留在马萨诸萨州康克德。每年造访该处的书迷有两万三千人。他们大部分都将该地视为圣地。笔者亦曾一度造访，有某一女性含着泪，由这一屋绕到另一屋。也许是《小妇人》中出现的梅、乔及贝丝曾在此屋中居住令她喜极而泣吧！

有位立志写作的青年曾问露意莎——

"要如何做才能成为一名作家呢？请指教。"

她的回答是——

"算了吧！算了吧，去挖水沟，或做什么都好呀！"

她写《小妇人》而成为名作家是在 1868 年。尔后虽有许多作品出现，以《小妇人》书中人物延伸的故事，还写了三部。仍以第一部《小妇人》最著名。仅在孩童时代接受父亲的教导，未曾受过学校教育，如此一个小女孩能与大思想家埃默森如此亲密颇令人意外，因为他是住在同村中父亲的好朋友。

幽默文学大师——马克·吐温

在马路上捡到一张纸片，激发他成为世界大文豪。

好莱坞制片公司曾经花费两百万美金拍摄一部伟大的电影，描述美国一位闻名人物的一生事迹，他是当代最伟大的文学作家，也是一位幽默作家。

他曾在一间由简陋的木板所搭建而成的学校求学，他在这所学校读到 12 岁，便辍学不读，这是他唯一所受的正式教育，然而日后牛津大学及耶鲁大学却颁赠名誉博士给他，世界各国的学者名人，也争相与他结交。他的写作收入有数百万美元，靠笔耕而拥有庞大收入的作家，绝无仅有。即使在他死后，各种电影的改编制作、广播收益、版权等收入，仍然源源不断滚进继承人的手中。

这位大文豪的本名是山迈克·雷门斯，而广为世人所知的马克·吐温（Mark Twain）是他的笔名。

马克·吐温的生平事迹充满神奇的色彩。他恰好出生在美国史上最光辉的时代——1835 年，密苏里州的荒僻乡下，他出生时美国第一条铁路，刚筑成十年，那是林肯仍在田野赤足放牛的时代。

马克·吐温多彩多姿地活了 75 岁，于 1910 年去世，遗作23 篇，其中《顽童历险记》及《汤姆历险记》成为永垂不朽的名作，数百年后的今天，仍是儿童们爱不释手的读物，这些故事都是他亲身的经验。

马克·吐温，生于密苏里州佛罗里达的乡间小屋，现在的马棚、鸟窝都胜过他住的地方，一家七口及一个奴隶，共同生活在简陋的屋里。

"出生时，体弱多病，一致被认为活不过冬天，长大后，变得顽皮不堪，令人头痛！"他的母亲回忆着他那捣蛋、不喜欢上学，总是跑到密西西比河去游泳的童年。河中有神秘的小岛，乘着竹筏顺流而下，浩荡的河水，一望无际，奇幻的密西西比河，深深地吸引他，独坐岸边，凝望河面，流连忘返，曾溺水多达九次呢！印第安人游戏、海盗的游戏、洞穴的探险等游戏，使他累积了宝贵的经验，因而诞生了两部不朽的名作。

马克·吐温的幽默承袭自他的母亲，因为父亲是一位不苟言笑的人。他的幽默表现得很真实坦率，这是当时男人很少能做到的，更别说是女人。而他的母亲却拥有这份才能，同时他母亲也是一位非常仁慈的人，连只蚂蚁都不忍踩死。有一次，小猫多得令人发愁，不得不淹死它们，为了这些小猫能死得舒服些，他母亲竟然烧许多热水。他的这份幽默，带给他不少的财富。

年少的马克·吐温，非常讨厌上学，学校是剥夺自由的地方，他喜欢到森林散步，喜欢在河边探险，他认为学校是囚牢。

12岁时，父亲去世，逃离学校的机会终于来了。当他知道父亲永远不回来时，深深懊悔自己的顽劣，想着想着竟哭了。他的母亲看到了，安慰他"过去的，已经过去了，只要从现在起，好好做人的话……"他边哭边说："只要不上学，任何事我都会好好做。"

几天后，马克·吐温开始到印刷厂工作，"学会印刷技术，对改善生活非常有帮助。"他母亲如此说。印刷厂的待遇是免费供应两年的衣食，却不能领薪水。

两年后的某日午后，马克·吐温在密苏里州街道上捡到一张纸片，原来是一张书本脱落的纸，这是件很平常的事，但却是马克·吐温生命的转折点。纸上写着《约翰传》的某一段，这是作者约翰被捉到鲁安城时写的。"竟有如此卑劣的事！"14岁的马克·吐温非常气愤。"他"——约翰到底是谁呢？他一点都不清楚，连名字也没听过。于是他遍读约翰所著的书，对于约翰的生平产生很大的兴趣。

46年后，他终于完成《约翰之回忆》，评论家们并不认为这是他最好的作品，但他确信这是他最佳的创作。此时他已是闻名的幽默作家，这本书若以他的笔名出书，容易被误认为是幽默作品，所以这本书没有注明马克·吐温著，而是以其他名字出版。作家阿鲁巴多写了马克·吐温的传记多及四册，其中写着"偶然得到《约翰传》中的一页纸，引起马克·吐温对他生平的兴趣，这种兴趣的热衷就是他智能的特征，至死不改。捡到纸片的那一刻，即开创他卓越智慧的前途。"

但马克·吐温的投资知识却像堪萨斯州的野兔般毫无远见。例如，有一次，他从书上得到的知识——在亚马孙河上游的丛林收购可可果出售可以致富。这个对可可果毫无概念的人，竟能远渡重洋，到达亚马孙河上游，后却无法与当地的居民沟通，又染上几乎致命的热病。或许命不该绝，竟然神助般捡到一张 50 美元纸币，靠着 50 美元，才得以离开了亚马孙河。

日后，他靠版权及演讲收入，拥有庞大的财产，利用这些钱，所做的各项投资，从未成功。例如，投资专利的蒸气发电机，竟然不能发电；投资钟表工厂，拿到一次红利后，工厂停工了。蒸气式滑车的投资、出版社的投资，都失败了，使他负债美金 16 万，自动活字排版公司的巨额投资，也损失了大约 20 万美元。

有个青年发明家，亚历山大·贝尔，将其新发明物——电话，热情地向马克·吐温说明，并邀请他参与投资。

但"聪明的"马克·吐温却嘲笑道："以一条电线，能在家里和几里外的朋友说话？未免太不可思议了吧！我或许是个傻瓜，但绝不是个大傻瓜！"

如果那时他能投资 500 元给电话公司，现在的价值可能超过几千万元。但他没有投资。反而把 500 元借给朋友，结果，三天后他这个朋友破产了。

　　1893 年美国经济不景气中，他负债累累，并且病魔也向他侵袭，逼他几乎宣布破产。他咬紧牙根："我一定要把负债偿清，一分钱都不欠！"他如何还清巨额欠款呢？

　　他一方面拼命写作，一方面到世界各地演讲。他并不喜欢演讲，为了还债，他整整巡回演讲达五年之久，造成轰动，不论多大的广场，听众总是挤得水泄不通。终于，他还清了每一分钱。马克·吐温叙述着："所有的负债都解决了，没有任何烦忧，真是舒服，最重要的，工作已不再是负担了，而是一种乐趣了。"

　　虽投资事业并不顺利，爱情却非常幸运。尚未认识他妻子之前，凭借一张照片，就使他坠入情网。那是发生在他前往圣地巴基斯坦船上。这一次的旅游，成为日后名作《汤姆历险记》的题材。

　　像是命中注定的，同船的船客查理士·朗库斯的舱房内，挂着其妹的玉照——美人奥莉薇·朗库斯，令他一见钟情。"这就是我心仪已久的女人！"他想着。为此，他三番两次前往查理士的客舱，偷窥奥莉薇的玉照，愈看愈入迷。

　　两三个月后，回到纽约，马克·吐温受邀赴宴，初次与奥莉薇相见。他在晚年书中记载："从第一次见面一直到现在，我仍然无法忘怀于她。"

　　晚宴结束时，马克·吐温仍眷恋不舍，他吩咐朗库斯的佣人，招呼马车时，将马车座位颠倒，使他能由马车上跌下。当他穿上外套，和主人道别，然后坐上马车，当马车起步奔驰时，果真把马克·吐温摔倒，痛得他几乎落泪，吓得朗库斯一家人急奔而出，抱他入屋疗伤。此后两个礼拜，他一步都未离开过房间。

实际上，他并没有受伤。从马车摔落的诡计，早在他小时候就用过。他果真确实地躺在床上享受爱人奥莉微温暖的照顾。奥莉薇叫他"甜心"，他叫奥莉薇"薇"，他们都是如此地昵称对方，直到34年后奥莉薇去世。

奥莉薇谨慎地收藏马克·吐温写给她的情书，每年外出旅游时，必将这些情书拿到银行保管。马克·吐温每一份原稿，都请奥莉薇过目、收藏，为此，每日必将所写的原稿放在奥莉薇的枕头下，好让奥莉薇能在就寝前阅读原稿；而且他从不抱怨奥莉薇修改他的文章。

马克·吐温非常担心原稿遗失，除小心翼翼地保管外，并禁止佣人打扫，床边也用粉笔画条白线——佣人绝对禁止进入。

70岁时，马克·吐温认为："年岁已大，可以做自己想做的事吧！"因此，收购数十件纯白的西装，百余条领带，临死前，从头到脚清一色的白色，大礼服也是白色的。

马克·吐温生于1835年，当年曾出现哈雷彗星，他希望有生之年还能再见到76年一现的哈雷彗星。他实现了这个愿望，1901年，他临死前的夜晚，哈雷彗星再次出现天空。然而他最后的这个希望却没有达成。他希望女儿苏茜能在他临终前，唱一首英格兰民谣。不幸的是，苏茜先他而死。马克·吐温在苏茜墓石，题了四行诗句；而这首诗，也应该是由敬爱他的美国人，为他雕刻在墓碑上的吧！

　　温暖的阳光，请和煦地照在墓上；
　　温暖的月光，请轻轻照在墓上；
　　翠绿的小草，轻柔地生长吧！
　　再见了！我可爱的孩子，安息吧！安息吧！

　　马克·吐温在幽默史上留下许多名言，例如，"让我们努力生活，待逝去之时，连殡仪馆的老板也会感到悲伤。"还有"我们应该感谢在这世上的傻瓜，使我们能吃喝，这是他们的功劳。"

动物小说家——杰克·伦敦

他只接受了 3 个月的学校教育，却在 18 年内完成了 51 篇杰作。

四十多年前，一个无家可归的流浪汉，独自搭上前往纽约州水牛城的载货火车，他身无分文，饿得沿街挨家挨户乞讨，不久，被警官以流浪罪逮捕，并判决 30 天的劳役，送往劳役场做采石的工作，30 天内，只分配到些微的面包和水。

然而，就在六年后——短短的六年后，这个以乞讨维生的流浪汉，一跃成为美国西海岸最受欢迎的人物。他成为加州社交界的焦点，他是作家、批评家，也是报社及出版社的总编辑，以文坛巨星的身份，引起大骚动。

19 岁时，这名男子才进入高中就读，而且，在 40 岁时英年早逝，短短时间，竟然创作了 51 篇世界巨作。

此人即世界名著《野性的呼唤》的作者杰克·伦敦（Jack

London）。

这部作品完成于1903年，他因此书而一夜成名。虽然，造成大轰动，却不曾使他致富。获利数百万美元的仅是出版社和好莱坞的电影公司——事实上，《野性的呼唤》所卖得的版权、电影权，总共只有两千美元罢了。

如果想要写一本书，首先必须有写作的素材吧！拥有源源不绝的素材，是杰克·伦敦成功的秘诀之一。他在短暂、颠沛的有生之年，却充满着多彩多姿的经验，他做过三等船员，也曾在码头做过临时工，也曾走私军火、挖过金矿，甚至远到北极猎捕海豹、流浪过半个地球；连无家可归的经验，也可以写成一部巨作。当然了，三餐不继的日子是经常有的；露宿公园的长板凳上，或睡在干草堆中或在货车内过夜，也曾露天而睡，等醒来时，才发现自己睡在水洼中。甚至钻进货车的底盘，因为疲惫而睡着了呢！

他被警察逮捕而入狱的次数，仅美国境内就高达数百次，并且，还曾经在中国东北、日本、韩国等地被逮捕呢！

杰克·伦敦自幼即在贫穷及奔波中度过，常和旧金山码头的流氓鬼混，根本不把学校当一回事，不爱读书，时常逃学、逃课。有一天，他无所事事地游荡到图书馆，随意读了本《鲁滨逊漂流记》后，便被该书所吸引，连肚子饿了也不回去吃晚饭，将它一口气读完。第二天，又到图书馆读其他的书。突然，眼界为之开拓，有如《天方夜谭》的巴格达，呈现出珍奇而多彩多姿的世界。从此以后，他沉浸于求知的欲望中。不论是名侦探小说家尼克·卡特、莎士比亚，或者是史宾诺沙的哲学、马克思的《资本论》，只要是书，他都有阅读的兴趣。19 岁时，他厌倦了以出卖劳力维生的日子，决定要靠自己的智慧来谋生，也厌倦了流浪的生涯，不再过着被警棍追逐的日子，也不甘过着被火车司机用煤油灯敲脑袋的日子了。

因此，他在 19 岁时进入加州奥克兰特市的高中就读，废寝忘食地努力用功，而有了惊人的成果——以短短 3 个月的时间读完 4 年的课程，并且顺利通过考试，进入加州大学就读。

他一心一意想成为大作家，遍读史蒂文森的《金银岛》，大仲马的《基督山恩仇记》，以及狄更斯的《双城记》——反反复复读了数遍，然后拼命地写作。以平均每天五千字的速度写稿，花 20 天的工夫便可以完成一篇长篇小说。他曾经交给出版社 30 篇的长短篇的作品，却全部遭到退稿的命运，这是他学习写作的初期。

那段日子里，他以短篇小说《海洋外的台风》获得《旧金山回响报》主办的征文比赛第一名。奖金仅有 20 美元，当时，他贫困得甚至连房租都付不起。

1896 年——掀起淘金热的那一年，阿拉斯加的克伦岱克被发现含有丰富的金矿。这个消息，透过广播网向全国披露，造成空前的轰动。工人离职、军人逃兵、农人弃田、商人罢工，开始了所谓的"淘金热"，像蝗虫过境地向发光的金矿前往。杰克·伦敦也是其中之一。他花了整整一年的时间在克伦岱克的沿岸拼命搜寻金砂。当时的艰辛，非笔墨所能形容，那时鸡蛋一枚喊价两角五分，牛油一磅索价 3 美元。并且在华氏零下 74 度的酷寒中露天而眠，最后他仍是一文不名地回到美国大陆。归来之后，为了生存，不管任何工作，他都做了，曾在餐厅里洗碟子、扫地，也曾在码头做过零工。

1898 年的某一天，他身上仅剩下两块美元，如果用完了，只有饿死一条路，在面临走投无路的困境下，他下定决心——从此不再做粗活，开始往文学之路前进吧！5 年后，也就是 1903 年，他有 6 篇长篇小说，以及 155 篇短篇小说问世，一跃而成为全美文坛最受欢迎的作家。

杰克·伦敦逝世于 1916 年，距他专心从事写作只有 18 年而已。在 18 年内，除了平均每年有 3 篇长篇小说创作，更有无数的短篇小说完成。

他的年薪是当时美国总统的两倍，作品至今仍盛行不衰，即使在欧洲，也是全美作家中，拥有最多读者的一位作家。

《野性的呼唤》只为他赚进两千美元，事实上，曾被翻译成 10 种语言，销售量高达 150 万册，是美国文学史上，拥有最多读者的作品。

《野性的呼唤》描写的是一只忠实但凶猛的狗，在主人去世后，它恢复了野兽的本性。此书的主要宗旨，是描写人类对野性的追求，造成社会相当大的震撼及刺激。《野性的呼唤》在世界上享有盛名，而被当做批判社会的文学先驱。杰克·伦敦出生于 1876 年，于 1916 年逝世。

天才戏剧家——莎士比亚

他在戏剧界是个天才，但是在爱情面前他却无能为力，他被逼迫着和一个自己不爱的女人结为夫妻。

当他活着的时候，并没有得到人们足够的关注；在他死后的一百年里，他的名字仍然没有被世人所熟知。然而，从那以后，谈到他的文字的人不下数千万；他所引起的评论要多于任何古代用鹅毛笔写作的文人。而且，成千上万的人每年都会不远万里，从世界各国来到他生长的故乡，瞻仰保留下来的关于他的遗迹。

本文的作者也是这成千上万人中间的一个。1921年，我曾到过他的故乡。我喜欢在斯特拉特福到斯莱特里镇之间闲散地漫步，踏寻当莎士比亚还是一个小伙子时急匆匆地跑着去和他的情人安妮·惠特利约会时往返经过的路途。

当时的莎士比亚绝不会想到，他的名字会如此为后人所讴歌和赞扬。而且，他也没有料到，他的田园之爱竟注定是一幕悲剧，并令他悔恨多年。

莎士比亚的婚姻是他一生中最大的悲剧。很显然，他爱的是安妮·惠特利小姐——但在一个月黑风高之夜，他竟然又鬼使神差地遇到了另一位名叫安妮·海瑟薇的姑娘。当海瑟薇小姐得知莎士比亚将与另一位小姐结婚时，她大为震惊，几乎就要精神失常了。她在绝望之下跑进了她邻居的家里，向人们哭泣莎士比亚应当娶她而不是别人。她的邻居是一位心地善良但头脑简单的小姐，在听完了这位可怜的姑娘的哭诉之后大为震怒。第二天，他们就一同来到镇上的教堂，宣布了莎士比亚与海瑟薇的婚约。

莎士比亚的这位新夫人比他大 8 岁，而且，从一开始，他们的结合就是一幕可怜的滑稽剧。在他写的剧本里，他一再警告男子不可娶年长的女子为妻。事实上，他很少和海瑟薇住在一起。他婚后在伦敦度过了他大部分的时间，而他每年回家乡的次数最多不会超过一次。

如今，斯特拉特福是英国最美丽的城镇之一，小巧的铺满稻草的茅屋，长满了向日葵的花园，古雅的街道。然而，莎士比亚在世时，这里又是什么样的景象呢？它污秽、贫瘠、荒凉。那时这里还没有下水道，成群的猪横卧在街心吞食着腐烂的菜叶。莎士比亚的父亲是镇上的一个工匠，曾因在外面堆马圈的粪土而受罚。

如今，在美国，我们都认为现在的困难简直让人难以忍受，但是现代人却无法想象当年住在斯特拉特福的人是何等的贫穷。几乎有一半的居民都要依靠政府的救济金维持生活。大多数的人都没有机会上学念书，莎士比亚的父亲、母亲、姊妹、女儿、孙女没有一个会念书或写字的。

这位注定要在英国文学史乃至世界文学史上，享有无上权威和光荣的莎士比亚，也不得不在 13 岁时就辍学到外面去打工谋生了。他的父亲是一个做皮手套的工匠兼农夫——莎士比亚也曾挤过牛奶、剪过羊毛、搅拌过牛油，并做过染牛皮等工作。

但是，当莎士比亚离开人世时，按照当年的标准来讲他已经称得上是一个富翁了。来到伦敦的 5 年之内，他靠做演员赚了不少钱。他购买了两家剧院的股票，他还在房地产进行投资，放高利贷给别人。当时，他每年的收入已经达到了 300 镑。当年的货币购买力比今天要高出 12 倍，因此，莎士比亚在 45 岁时每年的收入相当于现在的两万美金。

可是，你能想象他在遗嘱上留给他太太的钱有多少吗？一分钱也没有。除了一个床架之外别无他物！甚至那个床架还是过后才想起来的。因为，那是在他写好了遗嘱后，又另外加在其中的。

在他的剧本出版的前七年他就去世了。如今，假如你想在美国买一部第一版莎翁全集的精美复制品，就要花上几十万美元。然而，当时莎士比亚本人从他的名剧如《哈姆雷特》《麦克白》《仲夏夜之梦》得到的稿费，加起来大概连六百美元也不到。

一次，我曾向有许多关于莎翁研究专著的坦南鲍姆博士请教，是否有确凿的证据能够证明，写下这么多杰出剧本的莎翁就是出生在斯特拉特福的莎士比亚。他回答说，这一点毫无疑问，就像林肯在盖茨堡发表过演说一样。不过，有很多人甚至认为根本就没有莎士比亚这个人，那些剧本都是出自于弗斯西斯·培根或者是牛津伯爵之手。

莎士比亚的遗体被埋在小村里教堂的讲坛前面。当时人们为什么会给他以这种光荣呢？是因为他那三百年后还被人们深深挚爱着的文学天才？其实并不是这样的。他之所以能够被葬在教堂边，是因为他曾经借给他家乡的人们许多钱。假如当初这个创造了著名的吝啬鬼——夏洛克这一形象的他不这样做的话，这位大文豪的遗骸还不知会葬在何处呢！

俄国文学巨匠——托尔斯泰

他写了两部世界上最伟大的小说，但他却引以为耻。

这是一篇绝不逊色于《天方夜谭》、令人难以置信的人生故事，这是关于一位预言家的故事——他逝世于 1910 年，他的音容与我们相去不远，他深为人们所敬重。在他逝世前的 20 年内，像圣徒朝拜圣地一样从世界各地去瞻仰他故里的人，终年络绎不绝，他们为的就是能一睹他的尊容，聆听他的声音，或者能触摸一下他的衣物。他就是俄国文学巨匠托尔斯泰。

曾经有一段时期，他的很多朋友住在他家，用速记法把从他嘴里讲出来的每个字都记录下来，甚至连一些极为平常的谈话也不放过。这样，他们记述下了他每天生活中那些很细微的举动，这些记录后来曾印成了许多书大量发行。

据粗略统计，记载他的事迹和思想的书籍几乎有两万三千余册，我要提醒你的是，不是两千三百，是两万三千。报纸杂志上谈到他的人和思想的文章约有五万六千篇，而且，他自己的著作共计有 100 部——这一数目是令许多作家望尘莫及的。

他曲折、生动的人生经历，丝毫不逊色于他所写的小说中的情节。他生长在一个拥有 42 间雕梁画栋厅堂的豪门，围绕着他的是数不清的财富，他是在俄国贵族的骄奢豪华中长大的。然而，他晚年却将自己所有的田产以及尘世的所有全部抛弃了。最后，他一个人身无分文，躺在一个荒凉的俄国乡间火车站里与世长辞，当时只有一些农民守护在他周围。

他年轻时是一个穿着非常考究的花花公子，莫斯科的裁缝们在他身上大发了一笔财。然而，他后来却经常穿着粗糙的布衣，自己亲手做鞋，自己打扫屋子，自己收拾床榻，并且用木碗木匙在破旧的桌旁吃着粗茶淡饭。

他称自己年轻时的生活是"很污秽、很罪恶的生活。"酗酒、决斗，甚至凶杀等各种想象得到的罪恶几乎他都犯过。但是，到了后来，他竟虔诚地信仰耶稣基督，并且在他的影响之下，基督教成了俄国宗教上一个最神圣、最有影响力的组织之一。

在他结婚的初期，他和太太过着幸福美满的生活，他们还一同跪在地上祈求万能的上帝能保佑永远延续他们的这种快乐。然而后来，他们的婚姻却变成了悲惨和苦恼的渊薮。他最后竟然一眼也不愿看她，他当时的愿望是："这个女人，从我眼前永远消失吧！"而且，在他临终时，他都不允许他的太太到他跟前来。

他年轻时在学校的功课很差。他没有考上大学，他的私人家庭教师希望在他那蠢笨的头脑里塞进某些道理，结果全都以失败告终。然而，30 年后，他却写出了全世界最伟大的两部小说，也是永世流传的不朽巨著，那就是《战争与和平》和《安娜·卡列尼娜》。

如今，托尔斯泰的名望要远大于所有统治过那个辽阔而黑暗的大帝国的沙皇。然而，他所写的那些名著，能使他得到快乐吗？能！是的，也许能——但也不过是短暂的快乐。没多久，他就对那些著作深感不满，甚至是引以为耻。在他的晚年，他把大部分精力花在写一些短小的文章上，他把这些小文章装订成册，宣传和平、博爱与消除贫穷。这些小册子价格低廉，用货车和单轮小车运往各地挨家挨户散卖，在短短的时间里，就售出了一千二百多万册。

几年以前，在巴黎我结识了托尔斯泰最小的女儿。她曾经在父亲的晚年做过他的秘书，并且直到托尔斯泰去世，还和他在一起。她现在寄住在美国宾夕法尼亚州牛顿广场附近的一个乡村里，我从她口中听到了许多关于托尔斯泰的事迹。从那时起，她开始写一本有关她父亲的书，书名叫做《托尔斯泰的悲剧》。

托尔斯泰的一生确实是一幕悲剧，而这幕悲剧就来源于他的婚姻。他的夫人极好奢侈，而他对此却十分鄙夷。她爱慕虚荣，对社会地位怀有热切的渴望，然而，托尔斯泰却对这些嗤之以鼻。她疯狂地渴求金钱与财富，但他却认为财富和私有制是罪恶的根源。她信仰武力统治，而他却主张以仁爱服人。

最糟糕的是，她那个强烈的嫉妒心。她憎恨接近她丈夫的所有朋友。她甚至连自己的女儿也不能容忍，把她也赶出了家门，随后，她还闯入托尔斯泰的房间，用空气枪朝着她女儿的照片射击。

托尔斯泰坚决主张俄国人可以随便翻印他的著作而不需要支付任何版税，她因此有好几年一直追着他哭闹咒骂，把家庭变成了一个可怕的地狱。当他反对她时，她就会歇斯底里地躺在地板上像泼妇一样打滚咒骂，手里拿着烟片烟准备去寻死，或者就是哭喊着要去投井自杀。

有时，她会跪在他的脚下，请求他读当年为她所作的美丽而充满热情的诗句，那是 48 年前，他们疯狂热恋时他所写下的日记。

最后，当托尔斯泰 82 岁时，他实在无法忍受这个破碎家庭所带给他的痛苦了。于是，他在 1910 年 10 月 21 日深夜，离家而去——逃进了寒冷与黑暗里，这个伟大的灵魂也不知道自己到底该到什么地方去。

11 天后，他因肺炎在一个孤寂的火车站去世了。在他去世的前几天，他说："上帝会安排好一切的。"而他留给人世的最后一句话，却是："去寻找，永远去寻找。"

天才诗人——爱伦·坡

他花了十年心血写成的一首诗，却只卖了十美元。"贫穷"夺走了他爱妻的生命，却夺不走他对她的深情。

爱伦·坡是一位浪漫而神秘的天才诗人。他注定要像一个忧郁的巨人一样，大步跨过美国文学的辉煌。然而，这位巨人一生的经历却很不如意。他曾经因为酗酒嗜赌，被维吉尼亚大学开除过。后来，他又到了西点军校，因为他不守校规，在他应当到外面操场上去持枪出操的时候，却坐在宿舍里写诗，被教官发现而被西点军校开除。

爱伦·坡从小就是一个孤儿，他被一个有钱的烟草商收为养子。然而他并没有讨得养父的欢心，最后，他的养父开始仇视他，用棍子将他赶出家门，并且把他的继承权也剥夺了。在他的遗嘱中，连一块钱也不肯给爱伦·坡留下。

说起爱伦·坡的婚姻，更堪称是文学史上的佳话。他在 26

岁时爱上了比他小很多的亲表妹维琴妮亚，并且不顾一切地和她结婚。在他们结婚时，他穷得身无分文——他从来没有过钱，而且永远也不会有钱。

在他和年仅 13 岁的表妹恋爱时，许多人都劝他及早结束这场悲剧。但事实上，他的恋爱获得了成功，他们结婚了。于是，又有人斥责他一定是疯了，因为他唯一的妹妹已有些疯癫，所以他们认为他也疯了。但是，爱伦·坡是真心爱恋，甚至说是敬爱他那年幼的太太。而她也对爱伦·坡有一种难以动摇的爱，他们的婚姻是幸福美满的，在她的启发之下，爱伦·坡写出了很多优美的诗句。

爱伦·坡撰写小说并创作诗歌，这些小说和诗歌，就注定了要被列入世界文学宝库。然而在当时，他却不能将这些不朽的杰作转变成足够的面包。

他给世人留下了很多不朽的诗歌，如名诗《乌鸦》。

爱伦·坡将《乌鸦》这首诗写了又改，改了又写，这个过程持续了十年。然而，最后他却被迫将它廉价出卖，仅得到了十美元的稿费——这相当于他一年的工作值一美元。

据说，好莱坞电影明星一分钟的收入都比爱伦·坡十年的收入还要多。这是真的吗？难道影片比诗更值钱？

谁能想到，爱伦·坡耗尽了十年心血写成的《乌鸦》仅卖了十美元，而且谁又会想到，这首诗的原稿在最近几年的售价，竟然高达数万美元。为什么我们的天才要在活着时忍饥挨饿？又为什么在他死后以惊人的高价出卖他的原稿呢？

爱伦·坡和维琴妮亚曾经一起住过的茅屋，现在成了纽约大都会的观光景点。当爱伦·坡在那年租下那块地的时候，那只是一间快要倒塌了的茅屋。现在，在它周围环绕着鳞次栉比的高楼大厦。但是当初爱伦·坡和维琴妮亚一起在那间茅屋里相依为命的时候，那里却是名副其实的乡村。

茅屋掩映在苹果树间，当春天到来时，空气中满是紫丁香和樱桃花的芬芳，到处是蜜蜂嗡嗡的声音，那简直是一个像梦一样美丽的地方。爱伦·坡以三美元一个月的价钱租下了这块地方，可事实上他连房租都付不起。

大部分的时候他根本就不付任何房租。他的妻子患有肺痨，而他连给她买食物的钱都没有，寻医问药就更别说了。有时候，他们一连好几天都没有一点东西可吃。当车前草在院子里开花的时候，他们就把它摘下来，用水煮熟了当饭吃，有一段时间几乎天天如此。

仁慈的邻居见他们实在可怜，有时会送他们一些食物。他们怜爱他的诗歌天才，也爱怜他那伟大的爱心。他们尽管穷，可是在精神上却是快乐的。

维琴妮亚最终没有战胜饥寒，离开了她心爱的丈夫，死在这个小破屋里。

在她死前的好几个月中，她就躺在一床草褥子上面，他们没有足够的可以御寒保暖的衣服。当她冷得实在不堪忍受的时候，她的母亲就给她搓手，而爱伦·坡就给她搓脚。爱伦·坡没有足够的钱来埋葬她。如果不是倚靠着一个邻居的恩惠，她也许真的连下葬的地方都没有了。

数年前，纽约州政府买下了这座茅屋，并把它建成了一家纪念馆。在我看来，那是一座梦中的茅屋，充满了萦绕于心的悲惨的回忆，让人久久不忍离去。

维琴妮亚是在1月份去世的，很快春天就又到来了，明月重新升上苹果树梢，星光依旧闪烁，可惜已是"物是人非"，这怎么能让爱伦·坡不伤心呢？他整天呆坐着想念维琴妮亚，从白天到夜晚——从夜晚直到梦中——从梦中又到白天……在这样的思念之下，他终于写出了一首前所未有的丈夫对太太的《爱的称颂》。

法国文豪——大仲马

纵观他的一生，他是个大文豪，他的一生多产而多收，但是当他的第一部剧本上演时，他穷得连一件像样的衣服都没有。

世上最流行的冒险小说是什么？《鲁滨逊漂流记》《堂吉诃德》《金银岛》。当然，对此是仁者见仁，智者见智，但是，我却要推荐《三剑客》。

《三剑客》一书已经风行一个多世纪了。当你的祖母还是一个女孩子的时候，也许就已经在剧院里激动地看过这出戏了。而直到现在，就在这个时候也还是有成千上万的人，在全世界各地阅读着这本著作的各种不同的译本。

《三剑客》的作者是法国人大仲马，他曾经不无炫耀地说，他的孩子有五百多个。这话并不是完全不可信，因为他长得虽然像肥猪一样怪模怪样，但他和女人之间浪漫的风流韵事却不少。最有趣的是，他曾三番两次公开宣称，他一辈子都不娶妻结婚，这令他的一位家境富有的恋人大为恼火，她最后出高价收买了他欠别人的债券，威吓他必须和她结婚。根据那个时代的法律，欠债的人如果不能按时还清欠款，将被关入监狱。这使富有浪漫精神的大仲马不得不慎重考虑：到底是锒铛入狱，还是和这个女人结婚？最终，他选择了后者！

大仲马容貌古怪。他的血管中流着的血液有 3/4 是白种人的，1/4 是黑种人的。大仲马的相貌很像他的黑人祖母。不过，他的皮肤却像雪一样白，眼睛像西印度群岛的天空一样蓝。但是他的嘴唇很厚，他的鼻孔宽而扁平，他的头发虽然黄得像毛茛草一样，却卷曲着纠缠在一起，和他的黑人祖母的头发一模一样。

也许你们不会相信，如此丑陋的大仲马竟然是一位超级"美食家"。他亲手烹调的酱油烤鸭，几乎和他的小说一样有名。他的胃口非常好，但从来不喝酒和咖啡，也不喜欢抽烟。在他写作的时候，对饮食并不很在意，甚至常常会忘了这方面的需求。如果有朋友在他工作的时候拜访他，他往往不愿意说话，只是用左手打手势招呼一下对方，右手却毫不停留地写作。

这位文坛怪人连写作时所用的纸和笔也有些特异之处：他写小说必须用蓝纸，而写诗必须用黄纸；假如他要为一家杂志写一篇短文，那就非用玫瑰色的稿纸不可；而且所用的笔也各不相同。蓝色墨水他从来都不用，而且也不会规规矩矩地坐在写字台边上写剧本。他每次都必须躺在沙发椅上，在头部放一个柔软的枕头，他的文思才会如潮般涌来，他就是这样写出了一部部伟大的剧本。

这可笑吗？的确有点可笑！等我把他的成绩说出来，你就不这么认为了。他写了100种以上的剧本以及大量的小说和历史著作。如今他的全集竟达到了1200卷之多！想一想吧！1200卷！这几乎是高尔斯华德、萧伯纳、斯蒂芬、韦尔斯、吉卜林、莱因哈特这些人的全部作品加起来的两倍。

他赚了500万元以上——比他同时代的其他任何作家的收入都要高。事实上，历史上的作家很少有人能接近这样的纪录。然而，当他的第一个剧本上演的时候，却穷得连硬领都没得戴，于是他就从白色车板上割下一个板子，戴着它到剧院去参加他一生中最重大的事情。

同时，他是个孝子，就在他的处女作初次上演的前三天，他母亲患了严重的中风，这使他着急万分。当大仲马在巴黎初露锋芒的那天晚上，他还没忘了在每一幕戏的中场休息时，拼命跑回家赶到母亲的病床边探望她，问她想要什么东西。也就在那一天晚上，大仲马的名字震惊了全巴黎，而他当时却在母亲病榻前熬到了天亮。

大仲马作品中所描写的人物形象鲜明，栩栩如生，即使我们现在读了，仍不禁深深地感受到一种亲切。有时他在写作时也会情不自禁地哈哈大笑起来，好像他笔下的人物正出现在他面前似的。许多小说家都认为写作是一件可怕的事，而大仲马却运用他的生花妙笔，很自然而轻松地吐出了如丝一般绵长而灿烂的故事。

他精力饱满，时常乘车或骑马出外旅行，他的足迹几乎遍布整个欧洲。他常常会同时写五篇小说，作为长篇连载在报纸上刊登。他没有时间去阅读自己所写的书，但是却有时间用刀剑和手枪与别人决斗了不下 20 次。

巴黎是一座宽宏大度的城市。然而大仲马的恋爱生活，甚至在浪漫宽容的巴黎人中间，也广受非议。最后，连他自己的儿子都厌恶地离开了他。

有一次，一个朋友在午后三点钟左右拜访这位大名鼎鼎的小说家，结果发现他几乎是扎在了女人堆里。一个坐在他的膝盖上，一个睡在他的脚旁边，还有一个侧身子斜靠着，站在他椅子背后，正在热烈地吻着他那肿胀的嘴唇；而且，这三个女人身上所穿的东西非常少，几乎就是一丝不挂。

这些女人是真的爱大仲马吗？绝不是这样！说起来的确很让他伤心，她们所爱的只不过是他的钱财而已。等他的钱财都被骗光之后，这些女人便不再愿意理睬他了。所以，大仲马的晚年非常窘迫，有时为了房租，甚至不得不将外衣拿去典当。如果不是他的儿子替他还清债款的话，他或许会被饿死。

大仲马临死前不久，他的儿子发现他在看一本《三剑客》。

"父亲，你觉得这本书怎么样？"他儿子问道。老人说："不错，还好。"

好吗？我也觉得是好。假如你想知道什么是快乐的话，就赶快拿起《三剑客》来再读上一遍吧。自从它出版之后，全世界出版了无数类似的小说，然而它们大都随着时间的消逝而销声匿迹了。但《三剑客》是不朽的，从现在起的几百年后，你的曾孙、玄孙，以至玄孙的玄孙都会在某个晚上挑灯夜读的！

短篇小说家——欧·亨利

你能猜到谁是当今世界上最著名的短篇小说家吗？你肯定读过他的小说。他的著作已经销售了六百万册以上。而且，几乎已经译成了世界上所有国家的文字。他大约出生在70年以前，笔名叫做欧·亨利。

他的一生是个不顾各种艰难、与各种困苦抗争到底而取得成功的典型例子。

欧·亨利一生当中最大的遗憾是接受的教育太少。他从没有进过高等学校，甚至连大学是什么样子都不知道。然而，他写的故事却被许多大学奉为经典之作。

另外，让欧·亨利常常感到烦闷的是他的身体虚弱，有的医生还认为他会死于肺痨。因此，他离开家乡前往泰塞斯，在那儿放羊——很久以后，有许多远方的游客要来拜访他的"牧羊场"。他们将汽车停在牧场边上，然后毕恭毕敬地踏上欧·亨利当年放羊的那块土地。

他还有着更为不幸的遭遇，那就是他曾经被关进过监狱。

那件事情的经过是这样的：欧·亨利恢复健康之后，在得克萨斯州的奥斯汀找了一份在银行里做出纳的工作。当地的牧人们有这样的一种习惯，即当银行里的办事人员忙得不可开交的时候，可以走进银行去自己取款，自己需要多少钱便可以取多少，取完钱以后再打一张收条就可以了。

有一次，监管人员在查库时，发现钱币少了，于是担负保管之责的欧·亨利被捕了。尽管他确实没有偷一分钱，但最终的结果还是在监狱中待了五年之久。

"坐牢"对别人来说，是一件让人感到羞耻的事情，但对于欧·亨利来说，却是一件"幸运"的事。因为如果他不曾入狱当囚犯，他就不会安心下来从事写作并最终名垂后世。

最近，我和一个监狱的典狱官拉维斯交谈过，他告诉我，几乎在这个监狱中待过的每一个人都想记录下自己的一生。其实，这个监狱中的许多犯人确实都很想写作，以至于监狱学校还特意为他们开办了一门短篇小说写作技巧的课程，让犯人们自由选修。当然，他们中间很少有人能够获得成功。但是，有不少著名的人物都曾经在监狱中从事过写作事业，这却是一个不争的事实。

大戏剧家——萧伯纳

他生性木讷，性格内向，就连到朋友家敲门都害怕，但他却成了当代第一戏剧家。

伟人们的名字即使用缩写字母，也能在世界上通行。我所知道的两位名人就是这样的：一位是 F.D.R——美国第 32 任总统富兰克林·罗斯福；另一位是 G.B.S——著名的爱尔兰戏剧作家萧伯纳。

一提到 G.B.S，人们就会自然而然地想到大文豪萧伯纳。他写的那些有趣的传奇故事，都以缩写名字 G.B.S 而闻名，而不是以全名 George Benard Shaw 流传于世。

萧伯纳的一生声名显赫，但他只接受了五年正规的学校教育，就是这短短的五年，造就了当代一流的并且获得了文学领域的最高荣誉——诺贝尔文学奖的大作家。当时诺贝尔奖的奖金有 3500 万美金。不过萧伯纳所看重的并不是名誉和金钱，他当场就把奖金捐赠给了"瑞典文学联盟"，这一巨额奖金在他手里只逗留了几秒钟的时间。

他的父亲出身于破落的贵族，家境并不富裕。他深爱着的母亲又因为和他父亲的婚姻出现问题，引起了非常富有的伯母的不满，结果财产继承权被剥夺了。全家的生活越来越窘迫，15 岁的萧伯纳只好外出谋生，从事月薪只有 40 元的文员工作。

萧伯纳在 16 岁到 20 岁之间做过出纳、兼职打杂工等工作，周薪是 80 元。然而，由于他出生在美术、文学、音乐气氛非常浓厚的书香门第，在耳濡目染、潜移默化之下，他觉得自己不适合这些事务性的工作。在 7 岁那年，萧伯纳就读过莎士比亚的《哈姆雷特》、约翰·布瑞安的《天路历程》以及《天方夜谭》等许多名作。12 岁时，他热衷于拜伦的诗作，更沉迷于狄更斯、大仲马、小仲马的小说，对雪莱的诗也非常感兴趣。

他还广泛涉猎著名的登山运动员乔恩·泰尔塔鲁的哲学，经济学家约翰·史蒂雅德·密尔以及以哲学、社会学与进化论闻名遐迩的赫伯特·斯宾塞等人的著作。这些名著不断地激发着他的思想——人是靠思想活动的动物。

萧伯纳在受到这样的启发以后，当然不喜欢碌碌无为的生活，他所向往的都是文学、美术等远离世俗世界的艺术生活。在他 20 岁之际，他暗暗发誓——人生只有一次，绝不能让自己的一生虚度在普通的事务上。

于是，1876 年，他决定前往伦敦，开始自己的笔耕生涯。

在伦敦的最初九年里，他不停地写啊写，但却连自己的温饱问题都解决不了。他把全部身心投入到写作上，每天不论心情如何，他都要求自己必须写上五页纸。后来，他在回忆这段历程时写道："那时，由于我刚开始创作，常常连写上五页纸都感到很困难。"

经过长时间不懈的努力，他终于完成了五部长篇小说，其中有一篇就是众所皆知的《艺术家之间的恋情》。然而在当时，美英所有的出版社都拒绝采用，只有一家出版社告诉他，可以考虑他以后的作品。他送了好几次稿子，但得到的却是同样的回答。出版社之所以拒绝出版他的作品，不是因为他的小说文笔不好，或者没有可读性，而是小说的内容与当时的社会潮流显得格格不入。

那时的萧伯纳穷得连送稿的路费都没有。从下定决心以写作为业开始，一直到9年后，他所得的稿费加在一起总共只有30美元，平均起来每个月只有一便士。他穿的衣服非常破旧，因为长期坐着不动，裤子的屁股部分磨出了小洞，鞋底也磨得尽是窟窿。因此，人们经常能看到衣衫褴褛的萧伯纳，小心翼翼地遮掩着衣服上的破洞，狼狈不堪地出入于伦敦的大街小巷。

萧伯纳的生活只有依靠他母亲向面包店、杂货店赊账来救济。在此期间他所得的30美元，包括他担任选举时的计票员所得的5元，以及一名律师以25元要求他写一篇关于卖药文章的报酬。

这样能活下去吗？当然不！他惭愧地说："本来应该是我来养家的，没想到最终的结果反倒是这个家来养我，这个家已经够贫苦的了。"现在他也常回忆说："我没有对自己的家庭做过任何贡献，母亲反而要分出精力来照顾我。"

后来处境慢慢好了起来，他终于可以靠着写作自食其力了。替他带来第一笔稿费的，是一个并不出色的剧本。实际上，21年来，他一直有一个梦想——赚一笔钱，然后娶一位富家千金。

萧伯纳常常在众人面前对社会非常重视的传统如婚姻制度、教会、民主主义等进行批评，从来没有人敢如此大胆地对这些东西大加评论。这个表面上看起来大胆而激进的人物，实际上却是一个内向、怯弱的人。关于他，有一个让人吃惊的、发生在泰晤士河畔——他的一个朋友住所附近的故事。

"我不得不敲他家的门，在这之前，我在河畔徘徊了20分钟左右，后来几乎想放弃拜访他的念头而逃回家去了。然而我的本能告诉我——如果要在这个世界上有所作为的话，就必须超越自己的怯弱。最终我鼓起勇气敲响了他家的门。年轻的我，是如此的内向、怯弱。"萧伯纳回忆道。

另一方面，他又非常重视在公共场合行为举止方面的礼仪。在他的听众中，资本家多于无产者，他不愿成为金钱的奴隶，所以他演讲从来都是分文不取。

1896年，萧伯纳结识了夏露德·蓓唐菲女士，当时他已经40岁，而她则是一名39岁的老小姐。她是个非常富有的资本家，此时的萧伯纳也因剧本在美国畅销而赚了不少钱，一年的收入大概在10万美元以上。

她竭尽全力在社交界大力宣传萧伯纳所倡导的费边主义

（即建立民主的社会主义国家，为后来工党的前身），这足以说明她是多么支持萧伯纳，然而，对她的帮助他毫不领情，相反他还气愤地指责她："我从未见过像你这样无聊的女人！"

在他们交往的前两年，萧伯纳丝毫没有结婚的打算，直到1898年，夏露德因公务动身前往罗马，当她抵达罗马时，萧伯纳病重的电报也同时到达，她立即丢下一切赶回伦敦。结果发现，因过度疲劳而疾病缠身的萧伯纳躺在办公室里。这个又脏又臭又小的办公室让夏露德大为吃惊，萧伯纳也自嘲地说："即使派七个佣人同时来打扫，恐怕也得花上五十年才会打扫干净。"

有着一双不时闪着光芒的碧眼女资本家夏露德，立刻把他带到乡下的别墅中，无微不至地照顾他，为他治病。萧伯纳病愈后，立刻把一只结婚戒指和一份结婚证书递到了夏露德手中。

萧伯纳说："我实在没有资格结婚，因为我总是让人担心。"

他们持续了45年美满幸福的婚姻，一直到1943年萧伯纳夫人去世。大家都认为萧伯纳将会先她而死，因为她看起来要比他年轻20岁，虽然他们的实际年龄只相差了4个月。

英国大文豪——毛姆

毛姆因为《雨》这部杰作得了 20 万的收入，可是当初他构想这个故事时只花了 5 分钟也不到的时间。

你认为有史以来最伟大的剧本是哪一部？当纽约的权威剧评家在一次用不记名投票的形式选出人类历史上最伟大的 10 部剧本时，第一名的荣誉可无争议地归于 300 年前莎士比亚的杰作《哈姆雷特》，而位居第二的剧本，你猜是什么？它不是《麦克白》，不是《李尔王》，也不是《威尼斯商人》，而是《雨》。

是的，是《雨》这部以性为经，以宗教为纬，反映那些在南海地区挣扎的人们内心生活的剧本，这部剧本是根据萨墨塞特·毛姆的一个短篇故事改编而成的。

事情的经过是这样的：他写了一篇名叫《萨迪·汤普森》的短篇小说，这个故事他并没有费多少脑筋。碰巧有一天，剧作家约翰·科尔顿在他家里过夜，他在睡觉前想要看点什么东西，毛姆便随手把《萨迪·汤普森》给了他。

不料，科尔顿一下子就被它吸引住了，它使他激动不已，他兴奋得走下床，在地板上慢慢地踱来踱去，并计划把这篇小说改成一部剧本，一部注定要成为不朽之作的剧本。

第二天早晨，他急急忙忙地跑到毛姆那里，说道："这些故事实在是棒极了，它完全可以成为一部美妙的剧本。对此我考虑了一整晚，你可别问我睡得好不好，才不呢，就是因为它，我一整夜没有合眼！"

但毛姆并没有被他的话打动。他用他那清脆的英国声调说："一部剧本？噢，是的，也许是，一种无聊的戏剧，也许可以在舞台上流行 6 个星期。可是它不值得特别注意，实在是不值得。"

但事实上，这部他自认为不值得加以注意的剧本，却给他赚了 20 万。

当这部剧本完成后，几位戏剧制片人拒绝接受，他们认为它必将失败。后来，萨姆·哈里斯接受了它。他指定一位年轻的女演员珍妮·伊格尔斯主演，但是负责推广戏剧的经纪人对此却颇有微词，他认为只有找一位较有声望的人演女主角才有成功的可能。

经过一段时间的争取，珍妮·伊格尔斯终于得到了主演的机会，她扮演的萨迪·汤普森非常富有热情和魔力，她因此而红透了百老汇。她在拥挤不堪的剧院中连续表演了 450 场，几乎场场爆满，其声誉经久不衰。

毛姆写过多部有名的作品，如《人性枷锁》《月亮和六便士》

《小圈子》《伊甸园东》等。他也写过十多部精彩的剧本，可是他那最著名的剧本《雨》却不是他亲手改编的。

现在人们都把他看成是一个天才的剧作家。但是自从他开始写作的 11 年里，他就从来没有摆脱过经济窘迫的境况。想一想吧，这位后来赚了一百万稿费的作家，在他写剧本、写小说的前 11 年中，每年的收入却只有 500 元。因此他常常要忍饥挨饿，他非常渴望能得到一份有固定薪金的写作职业，却一直未能如愿。毛姆告诉我说："我之所以要不停地写，实在是因为我找不到别的工作。"

他的朋友对他说，他这样不停地从事写作，实在是愚蠢至极。他是医专毕业的，所以他们极力主张他放弃写作而去行医。但是他立志跻身于英国文学界的决心却始终没有动摇。

有一次，以《信不信由你》闻名于世的漫画家里普利对我说："如果一个人在怀才不遇的境地中挣扎了十年，那么，他将很可能在十分钟之内一举成名。"这正是普利和毛姆之间相同的经历。

毛姆终于获得了成功机会。有一次，有一位剧作家的剧本在伦敦上演遭到失败，剧院的经理一筹莫展，只想着尽快把这部剧换下来。他并不是奢望能拿到什么伟大惊人的剧本，只要能将就着把原来那个失败的剧本替代就行了。于是他就在书桌上寻找，他找出了一部毛姆写的作品《弗雷德里克夫人》。这本书已经在他桌子上放了一年了，他读过这本书，在他看来它并不是一部好剧本，不过至少能够应付一些日子。但令他始料不及，更惊喜不已的是，《弗雷德里克夫人》获得了空前的成功，整个伦敦都在谈论它。它被看成是王尔德那著名的对话以后的唯一名剧。

立刻，伦敦各大剧院的经理都慕名前来求毛姆给他们写剧本，他从书桌里把以前的作品都找了出来。于是，在短短的几个星期内，他就有三部剧本占据了这个城市的舞台。

贵族在剧院花费大量金钱，出版商竞相求购这位新出现的天才的作品。拜访他的社会人士络绎不绝，在经过 11 年的不得志后，伦敦市长在为他举行的欢宴中举杯向他祝贺。

毛姆对我说，他从来不在下午 1 点以后进行写作。他说在下午他的脑子就会有些麻木，不是很灵活。他通常在里维埃拉海岸附近的摩尔式的别墅里写作。在他开始写作之前，通常都要花 1 小时吸烟斗，同时阅读一些哲学方面的书籍。

他告诉我，他一点都不迷信，可是他把一只看起来有点邪恶的眼睛，印在自己的每一本书上，他肯定把它作为自己的保护神。因为这一奇怪的标志也出现在他家中的餐具上。我们还可以在他使用的文具上、玩过的牌上见到它。他还把这只眼睛刻在他家中的壁炉上，甚至还把它刻在了通往他家别墅的入口处。但是当我问他是否真的相信它时，他却只是笑而不答。

文坛怪杰——德莱塞

上帝的仁慈和三杯利克酒，为美国文坛带来了一位怪杰。

西奥多·德莱塞是美国最令人惊奇且出类拔萃的小说家之一。大约有 30 年，像一头短角野牛的他，在文学界横冲直撞，咆哮怒吼。他对美国的文学有着相当大的影响。没有德莱塞的出现，现在美国人所读的书也许就是另一番模样了。

1900 年，他的一本名为《嘉莉妹妹》的小说轰动了全国，一面世立刻激起了公愤。批评家痛斥淫秽不堪，传教士对它进行怒斥，妇女协会也愤怒至极，群众一致要求取缔这本书。对此，出版商大感惊恐，拒绝代为销售。

德莱塞不禁愕然，他不知道在自己的小说里有哪些不道德的事情。他只不过是真实地描绘出了他看到的人生。但是，那是1900年的事了，现在，却没有一个人会去斥责这本书了。而且，假如你想买那本小说的第一版，就需要你出 350 元的价格了。

有一次，我对这位头发灰白、刻薄、忧郁而又粗暴的大汉进行了拜访。他那粗鄙露骨的言谈着实让我大吃一惊，以至于我常常笑得前仰后合。

他个性直率，这使得他往往言必由衷。所以每逢他去参加人多的宴会时，常常会成为一个主人不得不非常留心的"问题人物"。例如——在一次宴席上，他和纽约一位有名的银行家讨论到了关于俄国的问题。他竟骂这位银行家是个笨蛋，并把他称为土匪。德莱塞说，在这个问题上就是他最爱的人他也绝不会让步。

他写成了许多关于美国人的生活并且为其他人所不曾写过的小说。他的那部最伟大的小说《美国悲剧》是在1925年出版的，那时他正穷得连房钱也付不起。这本书轰动了全国，40万元的巨款落到了他的手里。好莱坞为了买他这本小说的拍片权就给了他20万元。我问他一下子得了这么多的钱，他是如何使用和分配的，他说，他把它们用来买股票、债券和抵押款，结果损失了30万元。

德莱塞所写的故事之所以能赤裸裸地揭露人生的真实，完全是因为他从小就是在困苦中长大的。他的母亲靠替别人洗衣来养活13个孩子。因此小德莱塞时常要挨饿受冻。他没有睡觉的床，因此，他就像小狗一样躺在地板上的一个破草席子上。他经常到铁道边拾煤块，用它们来烘暖屋子。有时候，他还不能去学校上课，因为没有鞋穿。

当真的有一天进了学校后，他却非常顽皮，并不好学。他拒绝读那些为他指定的功课。他憎恨算术，并轻视语法。他对我说，他从未学过什么文法，并且也从来不曾打算学。他发誓说，假如依照他的意见，他将把所有的语法课程与英国文学、所有短篇小说创作课程和一切新闻学校全部取消，他说作家不是这样造就的。

德莱塞突然有一天决心去报社做记者，因此，他向《芝加哥环球报》去了一封信，请求能给他一个位置。报社答复说他们暂时还不缺少人手。结果，他就搬了一把椅子坐在那家报社门前，并且威胁道，他要一直坐在那里不走，直到用他为止。他真的每天去那里坐着，一共坐了有一个多月之久。直到1891年6月，恰逢民主党全国大会在芝加哥召开，报社正好需要雇用几个临时记者，于是，便给了他一个位置。然而，不久便发生了一件难以令人置信的事情。

这位刚上任的粗暴记者一生还不会为任何一家报纸写过一行新闻。有一天，他和几位同事在芝加哥欧第特里姆大饭店的柜台前喝酒，与德莱塞同席的其他几位记者正唉声叹气地说，谁也猜不透民主党的候选人是谁，德莱塞当时喝了几杯鸡尾酒，已有几分醉意了，他为了在众人面前显示一下自己，便信口说道："谁将被指定为民主党的候选人？我知道啊！谁将是一匹黑马，那就是南卡罗来纳州的上议员麦肯迪。"

事有凑巧的是，正当他说这话时，参议员麦肯迪恰巧走了进来，他问道："谁给了我这种荣幸，提到了我的名字？"

德莱塞承认是他说的。麦议员说："很好。让我们一起去喝上几杯吧。"

5 分钟后，他请德莱塞一同吃饭，并喝了几瓶好酒。麦议员在半醉中对德莱塞说："我要请你到华盛顿去做我的私人秘书。"

两人吃完饭之后，麦肯迪说道："听着，小伙子，我告诉你一件非常机密的事情。克利夫兰将被推为总统候选人，你是第一个知道这件事情的报社记者。"

德莱塞大为震惊。要知道他才做了两天的记者，就得到了本年度最为重大的一条新闻。没出几个月，圣路易城的《环球民主报》就聘请他去当编辑。在该报做了 3 个月后，该报的一名戏剧编辑因事辞职，德莱塞被委派填补这一空缺。他自己也不明白报社为什么派他去接任，因为他对戏剧一无所知。

星期一的一个晚上，圣路易城有四家剧院在上演不同的戏剧，而德莱塞因为分身无术，不能同时到这四处，因此，他只去了其中的一家，其他三家的评论则是凭着想象写出来的。这剧评写得惟妙惟肖，就好像他真的坐在前排看过一样，他甚至对剧中人物的表情也给予了充分和详细的批评。到第二天，他才知道前天晚上因为铁路被洪水冲毁了，那三家剧团根本就没有来过圣路易城。

这可糗大了！于是，他对自己不满，就将报社的工作辞去。

我向他请教他成功的秘诀，他笑了笑，说道："完全是靠上帝的仁慈，别的什么也没有。"

科幻小说家——韦尔斯

　　他的一支笔为他带来了几百万的收入，但是他当年饱尝的艰辛和他后来的收入一样多。

　　六十多年前，在伦敦近郊的街道上有一群顽童在玩耍，他们玩得正欢的时候，一件意外的事情发生了：一个年龄较大的孩子把一个名叫韦尔斯的小孩抓了起来，将他高高地抛到半空中，但当他向下坠落时，这个大孩子竟然没有接住他，而使他直接跌了下来，结果把腿给摔断了。

　　年幼的韦尔斯痛苦地在床上躺了好几个月，但他的腿骨始终没有完全复原，随时都有再度裂开的危险，这是一件多么可怕的事啊！当他一想到自己的前途的时候，就感到万分恐惧和悲伤。

　　可是，小韦尔斯并不悲观，而是敢于面对现实。他后来竟成为世界上著名的作家——他就是赫伯特·乔治·韦尔斯！他一共写了八十多部作品。

现在，他自己也承认，那次把腿摔断也许是他平生遇到过的最幸运的事情之一。之所以这样说，原因在于因摔断腿使得他在屋子里整整待了一年。在这一年当中，他贪婪地读着他所能够得到的每一本书，因为除此之外他没有任何事可做。这一年过去之后，他对书产生了一种强烈的嗜好，一种对文学的深深热爱。他从书中受到了启发，得到了鼓励。他决心要出人头地，从单调、沉闷的心境中摆脱出来。于是，摔坏腿就成了他一生的关键。

赫伯特·乔治·韦尔斯的稿酬收入很高，每年至少有一百万。而他原本出身贫穷，他的父亲曾是职业曲棍球员，曾开过一家小规模的陶器店，但生意不是很好。他就是在那家小店的内室里出生的。这间小房既是卧室，又兼做厨房，狭小且又脏又暗，只能从墙壁的破砖缝里射进一点点亮光。

最令韦尔斯不能忘记的是，他童年时从这条破砖缝里看到了许多来来往往的人的腿。许多年后，他以他所观察到的"腿"为题材，写了一篇有趣的文章——他认为从一个人穿什么鞋子，可以判断出这是一个怎样的人。

最后，那间陶器店不得不关门。这个家庭陷入了一种绝望的困境中，于是，他的母亲不得不到一个大庄园上去替人家当佣人，与一般的仆人住在一起。韦尔斯时常到那儿去看望母亲。在那里，他第一次看到了英国上流社会是怎样生活的——当然，他是从仆人的住处，通过他们的眼光观察到的。

　　这位《时间机器》《星际大战》的作者在 13 岁时便独自外出谋生了。最初，他在一家丝绸店里当伙计。清早 5 点钟他就得爬起来，负责打扫店铺、生火，每天要辛苦地干上 14 个小时。那是一种体力活，他蔑视这种低贱的生活，因此往往不能很好地完成工作。到月底的时候，经理便辞退了他。

　　他气愤地离开了这家杂货店，但暗中庆幸用不着自己辞职。

　　接着，他又进了一家药店，仍然做记账的工作，但一个月后他再次被辞退，这次老板连辞退的理由也没有给他。

　　终于，他又在另一家杂货店找到了一份工作。这一次，他体会到了生活问题的严重性，不再随意耍性子，开始认真地做工作。但他仍然经常趁着无人防备的时候，独自一人偷偷地躲到地窖里，翻读他所喜爱的赫伯特·斯宾塞的作品。

　　这样的生活持续了两年，他实在无法忍受了。在一个星期天的早晨，他很早就起床了，连早饭都没有吃，空着肚子一口气步行了 15 英里，去找他的母亲。他心里异常烦乱，他向母亲倾诉了自己的烦恼。他伤心地痛哭着，并发誓说如果还要他去那个店里去干活，他就自杀。

　　后来，他写了一封凄切动人的长信给他以前学校里的老师。韦尔斯向他述说了自己的悲惨处境，说自己非常迷茫，简直不想再活下去了。出乎他意料的是，这位老师竟然回了信，并替他介绍了一份非常适合他的工作——当一名教师。

　　这可以说是韦尔斯一生的第二次重大转机。不过，韦尔斯认为幼年在杂货店的工作，也并非毫无意义，因为他一向十分懒惰，经过在杂货店两年多的锻炼，使他明白了一个道理：人要想成功，必须奋发图强。

韦尔斯在执教后数年，又遭遇到一次突如其来的危难。事情是这样的：他当时正担任一场足球比赛的裁判员，当比赛正在激烈进行的过程中，他突然被一个球员撞倒，随即又被后面冲上来的球员踩踏而过，他的肺部和肾部严重受伤，使他奄奄一息。

在医院里，许多名医都束手无策，只好听凭病情自然发展，结果谁也没有想到，他竟然侥幸活了过来。不过，他已变成了一个残废，并且接下来过了 12 年痛苦的生活。但正是这段痛苦的经历，使他成为一位举世闻名的作家。

他发愤写作了 5 年。他所写的小说全都阴沉暗淡，充满着对人类未来命运的悲观和担忧，而且都是以一种业余的角度来切入的。他自己也颇有自知之明，后来他几乎把这个时期所写的书稿，全都付之一炬了。

最后，他还没有完全恢复健康就又在学校找到了一份教书的差事。在他教生物学的一个班上，有一个漂亮的女孩，她的名字叫凯瑟琳·洛宾娜。韦尔斯和她一见钟情，立刻发现自己对凯瑟琳比对生物学更加感兴趣。她也体弱多病，几乎和他一样。他们都想把他们可能得到的全部快乐立刻抓到手中，于是他们很快就结婚了，并开始了愉快的生活。

韦尔斯虽被球员踩伤，并侥幸地逃过了一死，但他并不因此而灰心丧气，他每年都会完成长篇巨著。在他的努力之下，这些著作终于发射出了耀眼的光芒，照遍了世界的每一个角落。

韦尔斯的写作地点不固定，或在伦敦的办公处，或在车上，或在一望无际、波浪滔滔的地中海海滨。总之，他随时随地都可以进行创作。他在法国租了两幢别墅，一幢专用来写稿，另一幢则作为会客使用。他的习惯是白天专心投入写作，而在晚上会客。

如果他不能到车站上去亲自迎接他的客人的话，他便会派一辆性能极佳的汽车去接他们，并且把他那封存藏酒的地窖钥匙和车子一道送交客人。当他最后出现在客人面前的时候，客人们无不欢呼雀跃。

第五部

魅力女人

埃及艳后——克丽奥帕特拉

克丽奥帕特拉是一个有着绝色美貌和超人智慧的女人,她是埃及皇后和女神,尼罗河上的一朵奇葩。

克丽奥帕特拉已经去世两千多年了,但是她的芳名却一直照耀着人类逝去的无数个世纪。当她 39 岁的时候,就自杀了。然而,就在她那短暂的放荡生活中,她赢得并保持了当今全世界最伟大的两个男子的热爱,那两个男人就是安东尼和西泽大帝。

西泽曾经征服了几乎整个世界,然而,他却被克丽奥帕特拉征服了,而她是如何征服他的呢?这是古代历史上最具戏剧性的事件之一。

公元前 48 年,西泽到达亚历山大城时,克丽奥帕特拉正身处困境之中:她不但被赶下了台,而且身上一文不名,生命也是危在旦夕。原来,她曾嫁给本族的兄长,后来与他意见不合而发生争吵,双方都不肯退让。于是他向她宣战,她不幸战败。为了保全性命,她好只忍痛抛弃一切,偷偷地逃出埃及,又独自一人悄悄回到亚历山大城。

西泽早已听说过她的名字,因此对她的才貌仰慕已久。现在,他更同情她的不幸遭遇,他愿意见她,更愿意救助她。于是西泽传令要见她。这事非同小可!

在亚历山大城,到处都有她族兄的侦探,如果她不小心被抓,性命可就难保了。因此,她预先安排妥当之后,趁着黑夜溜进了一条小渔船中。然后,由她的仆人把她迅速地卷在一大张地毯里。当地毯在西泽的宫殿里展开时,美丽的克丽奥帕特拉出现在西泽的眼前。

当克丽奥帕特拉从毯子里面跳出来,一面笑着一面绕着房子跳舞,她那晶莹剔透的玉体令西泽惊喜不已,他那放荡的血液瞬间加速循环起来。

西泽平常喜欢夸耀自己是爱神维纳斯的后裔,自命为女性美的裁判者。但是,当他看到眼前这个女人时,他被惊得目瞪口呆,克丽奥帕特拉那逼人的美丽使他大气都不敢出。西泽心想:"哎呀,为什么这么长时间以来,罗马没有出现过如此漂亮的女子?"

已经 54 岁的西泽,见了年仅 21 岁的克丽奥帕特拉之后,被她的美丽惊呆了。而克丽奥帕特拉对鼎鼎大名的西泽也是倾慕很久了,他们一见钟情,心中都激荡起了爱欲的烈火。她的美丽和智慧,更令西泽驯服地拜倒在她的脚下。

西泽向克丽奥帕特拉宣誓，一定要为她报仇，要好好教训那些暴徒。于是，他率领那支称霸一世的罗马军队，只轻轻一击，就打败了埃及军队，杀得他们全军溃败，片甲不留。她的族兄狼狈地逃窜到尼罗河畔，最后走投无路，投河自尽。

从此，克丽奥帕特拉就成了无可争议的埃及女王，统治着埃及的一切领土。

岁月如流，克丽奥帕特拉给西泽生了一个儿子——这也是他唯一的儿子。但由于西泽在罗马早已有了一个妻子，自然就不能再娶克丽奥帕特拉为妻了。

为了使人们无话可说，并让她的儿子有一个合法的身份，克丽奥帕特拉想到了一个非常好的策略。她吩咐祭司扬言西泽并不是一个人，而是一个神。他是太阳神阿波罗的化身，阿波罗附着在西泽身上回到人世间来与女王生儿育女。

不久，西泽不幸遇刺身亡。

粗暴的酒鬼——马克·安东尼继他之后称霸罗马。

当安东尼率领部下就要抵达肥沃的埃及时，他曾扬言说："好啊！就要到埃及了。让我们把克丽奥帕特拉的项上人头割下来吧。"

克丽奥帕特拉心惊胆颤，她怎样才能够阻挡安东尼的铁蹄呢？用船只和刀剑吗？肯定不行！用爱情美色或许还可以。

于是，克丽奥帕特拉开始施展她那魔幻般的想象力，她想利用自身具有的天赋的表演才能去驾驭这个暴君。她乘坐着一条张着紫帆的镀金船去和安东尼见面。

在她的周围装饰着《天方夜谭》中的一切华美的饰物，一些年幼的男孩装扮成爱神，用孔雀毛给她扇风；少女们浑身裹着丝绸，踩着沙漠音乐的疯狂旋律跳着优美的舞蹈。燃烧着的香料袅袅升起的芬芳气息熏得人如醉如痴；而在这一切东方式、魔幻般的背景之下，克丽奥帕特拉躺在一张丝榻上，装扮成女神维纳斯的模样，令人心神摇荡，欲罢不能。

尽管是大老粗一个的安东尼，也被她那惊人的美貌与梦幻的排场，给诱惑得像一只驯服了的羊羔，不可救药地爱上了她，并最终娶她为妻。

安东尼被她诱惑得神魂颠倒，神经也有些反常，竟将整个腓尼基海岸作为礼物送给她。后来，安东尼又接连把费里冠省、塞波拉岛、克里特岛……都当做礼物送给了她。最后，安东尼干脆把整个亚洲的管理权也都送给她了。

这种以领土为礼物随便送人的行为传到罗马之后，立刻引起了罗马人的痛恨和愤怒。要知道，这一切领土都是经过无数罗马士兵成百上千次的浴血奋战赢来的，上面流着无数罗马人的热血。难道现在安东尼仅仅为了满足他的一个埃及女人，就把它当成玩具一样扔掉不成？

安东尼对此也很明白，他知道自己迟早都会成为罗马大军的俘虏，并会被处死。于是他只好抢先一步举刀自戕，在痛苦中扭动着身躯，死在克丽奥帕特拉的怀抱中。临死的时候还亲近地紧贴着她，一如他生前亲密地紧搂着她一样。

克丽奥帕特拉也曾对安东尼发誓，绝不能被罗马人擒获，免得在罗马街上丢人出丑，受尽嘲笑和捉弄。因此，当他自杀以后，当晚她也自尽了。

至于她是用什么方法自杀的，这个问题到如今还是个疑问。

甚至在她死后的 20 分钟内，第一个发现她尸体的人，也无法回答这个疑问。

她死后，被埋葬在安东尼的墓旁。

拿破仑之妻——约瑟芬

一个出生在渔村的贫穷女孩，赢得了当时欧洲最杰出的男人忠贞的爱。

约瑟芬比拿破仑大 6 岁。当他们第一次见面时，她已经 33 岁了，而他当时只有 27 岁。她长得并不怎么漂亮，她的牙齿也不好看。而且，她还有两个未成年的小孩子。此外，她还负债累累。

当她的第一位丈夫被法国的革命者送上断头台杀死时，她曾一度悲恸欲绝，担心从此失去了保障，再也没有人会可怜她、帮助她了。因此，她下定决心要效仿一些聪明的寡妇所走过的路，为自己再找一个丈夫。

有一次，她听到一个朋友讲拿破仑的事情，因而对他很是钦佩。尽管拿破仑在当时还没有什么名气，也没有什么钱财，但他刚从战场上归来，正渴望成名，而约瑟芬也相信他将来一定会成就伟大的事业。所以，约瑟芬很希望能见上他一面。

但是，如何才能与他取得联系呢？她想出了一个很聪明的办法。她打发她那只有 11 岁的儿子，去问拿破仑手上是否有这个孩子过世的父亲曾经用过的那把军刀，拿破仑回答说他有。第二天，约瑟芬便精心地打扮了一番，眼睛里噙着泪水，跑去向拿破仑道谢。

这次见面，约瑟芬的性格和她那迷人的媚态，在拿破仑心中留下的印象很深。当时，约瑟芬的社会地位要高于拿破仑，所以，当她邀请他到她家喝茶的时候，他不禁有受宠若惊之感。在茶叙中间，她对他说，他将成为历史上最伟大的将军……

3 个月之后，他们就宣布订婚了。

拿破仑重视时间，非常守时，他常常说："时间万能，时间万能！"而且他还说："在我的一生中，也许会打几次败仗，但我绝不会毫无意义地浪费时间。"

然而，他却在与约瑟芬举行结婚典礼时迟到了，使得她在圣坛前着急地等候了两个小时。

拿破仑在新婚 48 小时后又重返意大利前线督战。尽管他的军队素质良莠不齐，而且兵士们在经历了多次大战之后已经极度疲惫，但在他"只许前进，不准后退"的强制命令下，经过几次激战之后，竟然获得了最辉煌的战绩。这使得全欧洲的人都不得不对拿破仑的才能表示叹服，拿破仑他的威名也从此传遍了全世界。

今天，最值得我们惊奇的并不是拿破仑作战勇敢，而是在军情万分紧急的战场上，他竟还有心情给约瑟芬写信。尤其难得的是，他的信热情似火。我们不清楚拿破仑究竟给约瑟芬写了多少封热情洋溢的信，但我们所知道的已经陆陆续续发现了8封，在1923年的伦敦拍卖场拍卖时，这些信的售价竟高达两万美元。

我曾经读过这些情书，并且认为它们售出这样的高价当之无愧。拿破仑在其中一封情书中这样写道：

我亲爱的约瑟芬：

你的爱情无时无刻不在激励鼓舞着我，连我的理智都被它带走了——我整天茶饭不思、寝不安席——我不关心我的朋友也不在乎我的荣耀；我之所以重视胜利只不过是因为它能使你高兴。如果它不能让你感到欢喜的话，我宁愿立刻离开军队，赶回巴黎，拜倒在你的石榴裙下。

你用一种无尽的爱激励鼓舞着我——你令我如醉如痴——我时常注视着你的玉照，并用亲吻覆盖着你的芳容……

我们读过拿破仑的日记，也读过许多拿破仑写的东西，但是当我们再次读到上面这封信时，就会觉得拿破仑变了，使我们不再敢相信他就是那个纵横欧洲，所向披靡，英武盖世的英雄，反而会觉得他是一个温柔而驯服的情郎。这封信的确写得相当痴情了，大多数女性在读了它以后，都会燃起一股热情。

约瑟芬读了这封信之后，并没有心潮澎湃的感觉，她只不过淡然处之而已。

这确实太令拿破仑伤心了。而约瑟芬此时正在和另一个男子热恋着，一封信也不肯给拿破仑回复。

最后，他厌弃了她的这种冷漠无聊的反应。当他在埃及作战时，邀请了一个黄头发、白皮肤的碧眼女郎和他一起喝茶。约瑟芬在遥远的巴黎听到了这个消息。当拿破仑返回法国时，可怕的事情发生了——在这种场合下，事情往往会如此。她把她的想法告诉了他，他也把他的想法告诉了她。结果，拿破仑将约瑟芬关在了他的房门外。

于是，家庭纠纷因此开始了。约瑟芬的教养要比拿破仑的姊妹们好，这使得拿破仑的姊妹们又妒又恨，她们觉得她是在轻视她们。这种想法令她们暴跳如雷。她们发誓一定要对她进行报复。她们开始嘲笑她，叫她"老太婆"，并且对拿破仑说，他应当和他的"老太婆"离婚，另外娶一位年轻漂亮的女子。

但拿破仑却对约瑟芬一再地宽恕，因为他难以抑制心中对她燃烧着的爱情。

最后，拿破仑终于下定决心和约瑟芬离婚，而离婚的唯一原因，是他想另娶一个妻子给自己生一个儿子。这件事让拿破仑非常伤心，当他在离婚协议上签字的时候，不禁失声痛哭。

三天后，他一个人坐在宫殿里，拒绝与任何人相见，做任何事都没有心情。

离婚不久，他又与奥国的玛丽·露易丝小姐结婚了。但是对于这一次婚姻，拿破仑比以前更烦闷。

原来，这位玛丽·露易丝小姐和其他奥国人一样，一直很看不起拿破仑。她曾向上帝祷告说："我不想嫁给他，可是由于政治上的原因，我父亲强迫我嫁给他，而我却没见过他一面就和他结婚了。我对他没有丝毫感情，这让我如何活下去啊？上帝啊！求你指引我……"

当拿破仑屡战皆败的时候，这位玛丽·露易丝小姐不但抛弃了他，还教唆他的亲生儿子恨他。

在拿破仑一生中，虽然先后有过几个女人，但在他心中真正占据永恒地位的，却只有约瑟芬。在她死后，拿破仑去凭吊她的坟墓，他痛哭着说：

"我的爱人，亲爱的约瑟芬，至少她不会遗弃我。"

拿破仑临终时，嘴里还在念叨着"约瑟芬"这几个字。

身残志坚的盲聋女——海伦·凯勒

美国大文豪马克·吐温曾经说过："拿破仑和海伦·凯勒是 19 世纪最有趣的两个人。"当马克·吐温说这句话的时候，海伦·凯勒还只有 15 岁，但时至而今，在 20 世纪，她仍是最有趣的人物之一。

海伦·凯勒的两眼完全失明了。然而，她却比许多有眼睛能看见整个世界的人所念的书多得多——比一般人多出一百倍，而且她自己也完成了七部巨著。她以本人的一生为背景，拍摄了一部影片，而且亲自参加表演。她聋得听不到任何声音，但她从音乐中所享受的乐趣却远比许多有耳能听的人要多。

她一生中有九年说话的能力丧失了，可是，她却到美国各州进行巡回演说。她曾在演艺界有四年之久以领袖的身份出现，她还周游过全欧洲。

　　海伦·凯勒在刚出生时与平常人一样。在她出生后的头一年半也和别的小孩子一样能听能看，并且还开始学说话了。但是，突然降临的一次灾难毁坏了一切。她得了一场大病，结果，在她出生后仅 19 个月，便遗留下了严重的生理缺陷，又聋又哑又瞎，这对她的正常发展构成了严重的威胁。

　　开始的时候，她无法接受这样惨痛的事实，于是便像深山野林中的野兽一样生长。她打碎和毁坏一切她不喜欢的东西；她用两只手把食物填塞到嘴里，而每逢有人想要对她的举止和行为进行纠正时，她便躺在地板上四处乱滚、大哭大叫。

　　她的父母非常痛苦和绝望，最后迫于无奈，就把她送到波士顿专门为盲人开设的珀金斯学院，恳求一位教师收下她。于是，一位光明的天使安妮·曼斯菲尔德·沙利文进入了她的悲惨生活。当沙利文女士进入那所盲人学校时，年龄也只有 20 岁，却接受了一件几乎不可能的事情——教导一个又聋又哑又瞎的小女孩。

　　海伦 20 岁时，她的学识已经达到了很高的程度，以至于她能考入拉德克利夫大学，她的教师也跟随着她。当时，不但她的读写能力不逊于学校的其他人，而且她讲话的能力也恢复了。她学会的第一句话是："我现在不哑了！"她翻来覆去地说，感到无比地惊奇和快乐！"我现在已经不哑了！"现在她讲话时还略带一点像是外国人的重音。她写的书以及为杂志写的文章都是用凸版打字机打出来的，如果她想在空白上进行改正的话，便用别在头上的发针在纸上刺出一个小洞。

她居住在纽约的福雷斯特希尔，距离我住的地方仅有数十步。当我带着我的小狗出去散步时，常常看见她在花园中慢慢地踱着步，她唯一的伴侣是一只牧羊犬。

我注意到，她走路的时候总是不住地对自己讲话。不过，她并不像你我这样活动嘴唇——她活动着自己的手指，用记号的语言对她自己讲话。她的秘书告诉我说，凯勒女士对于方向的辨别力不如常人。她往往在家都会迷失方向，而且一旦家具的位置发生变动，她就不知所措。有的人因为她的失明便以为她具有敏捷的第六感官，但事实上，她的味觉和嗅觉与常人没有多大的差异。

然而，她的触觉还是非常敏锐的，她把手指轻轻地放在她朋友的嘴唇上，就可以明白他们在说什么，把手放在钢琴和小提琴的木板上，她就可以欣赏音乐；她甚至能把手放在收音机上，凭借它的振动来欣赏广播中的各种节目。她欣赏音乐时，是把自己的手指轻轻地放在歌唱者的喉部，但她自己却根本无法唱歌，甚至连一个音调也发不出。

如果海伦今天和你握过手，然后在五年后她和你再次相遇并再度握手，她就能通过握你的手而想起你来——而且，你当时的情绪是怒是喜，是失望还是得意，她都能感觉得出来。她爱划船和游泳，尤其喜欢在丛林中纵马疾驰。她擅长棋类游戏，一种专门为她设计的模具。她甚至还喜欢玩纸牌游戏，在桌子上铺满一些字和图凸起来的纸牌。而每逢阴天下雨之际，她会以编织毛线衣来消磨时间。

大多数人都以为失明是 世界上最大的痛苦。但是，海伦·凯勒却说，她对于自己的盲聋并不十分在意。在整个黑暗而静寂的世界里，唯一使她感到不幸的，是无法听到人们发出的友爱的声音。

作曲家——邦德夫人

在几十年前的一个严冬之夜，在北部密歇根茂密的丛林附近，发生了一幕惨剧：佛兰克·邦德医生摔倒在冰天雪地之中，不久就去世了。

自从这位仁慈的名医佛兰克·邦德一家人居住在这丛林地带以后，这里一些贫苦的患者犹如找到了一位"慈父"。他们从此不再畏惧病魔，即使生病也不再像以前那样害怕了，因为这里来了一位"救星"。

以前，这里的人们既不知道有"医生"，也不知道"病"是可以医治的，他们只能让病自然痊愈，一旦不幸病重死了，他们也认为这是"天意"。而一般医生也不愿到这种地方去。

这天晚上，邦德医生又被病人家属请去医治一个危急的病人。当他准备妥当，吻了吻他的妻子，又说了几句夫妻之间的私语之后，就匆匆忙忙地出门了。可万万没有想到的是，这几句话竟是他的遗言。五分钟后，这位仁慈的名医就摔死在冰冻而坚实的地上。原来，有一个淘气的孩子想和邦德医生开一个玩笑，就在他背后用雪球偷偷地打他。谁知，邦德医生便因此摔倒在地上死了。

邦德医生遗留给他可怜的遗孀卡丽杰考白·邦德的全部财产是四千美元保险费，一个独生子，以及巨额的负债。

向来体弱多病的邦德夫人突然间遭此惨变，悲恸欲绝。但她现在必须开始独自一人肩负起家庭的重担。可是，除了一点儿管理家庭和抚养孩子的经验以外，她还能做什么呢？如果让她去经商，她没有丝毫的经验。

许多人可怜她，也愿帮助她，但都被她婉言谢绝了。她带着唯一的爱子来到芝加哥，终止了和各亲友之间的往来，她要与命运相抗争。

她起先做了些买卖，结果都以失败告终。后来，她开始写歌曲，但出版商们不愿出版。15年后，邦德夫人完成了一首新曲《一日终了》，想不到她因这首曲子一鸣惊人。此曲在很短的时间里便卖出了600万份，她也因此而一次得到25万美元的报酬。

这是她经过15年艰苦而长期的奋斗才得到的。她刚开始作曲时，即使五美元一曲也没有人要。那时，她付不起房租。到了冬天，因为外面天气寒冷而整天不敢离开床铺，因为她连买木柴的钱都没有。从此以后，她更是日益穷困，每天只能吃一餐，而讨债的人却连接不断，搬走了她屋中的全部家具，只给她留下一点点的生活必需品。

　　她在艰苦的环境下坚忍地奋斗，依然不间断地作曲。在此期间，她完成了许多名曲，《我真的爱你》便是其中之一。当她穷得连稿纸也买不起时，就用包东西的纸来作曲子，她没钱买油点油灯时，就在微弱的烛光下写作。

　　有一次，她想在一家音乐杂志上刊登一则小广告，对自己的作品进行宣传，可是这需要一笔钱，她没有那么多钱，于是她便主动替该杂志的女主笔缝纫衣服，以此来支付广告费用。

　　当她第一次参加演出时，唱了自己写的歌曲，但整整一个晚上的报酬只有 5 美元。后来，她的声誉越来越高，被英国知名人士佛兰克·麦凯夫人聘请前往伦敦，她只演唱 12 分钟，便得到了 100 美元，而且还不包括路费。

　　然而，她永远都无法忘记的是，当她第一次去游艺会演唱时，竟遭到了听众的辱骂，这让她非常难堪。她立刻从后台溜到街头，帽子没有戴，大衣也没有穿，伤心得泪流满脸。但她并没有灰心，而是更加努力地督促自己。十多年后，她的目标终于实现了，真正扬眉吐气、芳名远传了。

神秘影星——葛丽泰·嘉宝

在全世界有两个鼎鼎大名的人物都曾在理发店里工作过。当理发师磨着他们的剃刀，准备给顾客剃胡须的时候，这两个人就在剃胡子的杯子里面搅拌着肥皂液，并把它涂在顾客脸上。这两个人就是葛丽泰·嘉宝和查理·卓别林。

当嘉宝初到美国时，这儿的人从来没有听说过她的名字，她甚至连英语都不会说。不过这是 8 年以前的事情了。如今，27 岁的嘉宝已经成为世界上最著名的女演员之一，她的知名度比在过去的两百年里高坐在她的祖国瑞典王座上的所有威严的帝王还要高出许多。

幼年时代的嘉宝就已经充分展现了她那与众不同的个性。她对枯燥乏味的学校生活根本不感兴趣，因此她经常逃学，有时到了学校，她也会趁老师不防，一个人偷偷地溜了出来，跑到戏院后面的走廊上看戏，因为站在这里不用花钱买票。当她

181

看得兴奋时，就会立即跑回家中，取出平时玩耍用的水彩，把自己满脸涂得五颜六色，说自己是在模仿法国著名演员普萨瑞·哈特。

在嘉宝 14 岁时，她父亲就去世了，因此家境日益贫困，无力再供她上学，她也就只能辍学，在一家理发店工作。不久，她又转到斯托克荷姆市的一家商店当推销帽子的店员。

有一天发生了一件小事——就是这件小事改变了她一生的命运，并使她走上了此前她做梦都想不到的享誉盛名的道路。在卖帽子的过程中，她提议为帽子做一个广告以促进帽子的销售，于是店主采纳了她的这一建议，决定拍摄一段帽子的广告影片，并由嘉宝来做模特儿。

如果那一次，不是有一个目光锐利的电影导演偶然间看见了那段广告片，嘉宝也许直到今天仍然在那里卖帽子呢！这位导演是嘉宝那使人倾倒的演技的第一个目击者。当时她年仅 16 岁，那位导演建议她到一所戏剧学校去念书。

要嘉宝放弃已有的固定职业，放弃原来的薪水，再花钱进入戏剧学校学习，这的确是一次困难的抉择。假如她没有远大的眼光和巨大的勇气，是绝对不能这样做的。嘉宝确信自己对戏剧极其感兴趣，自己将来一定会有成功的希望，于是听从了这位导演的劝说，毅然辞去了工作，开始向理想目标迈进。

一天，瑞典的大导演斯蒂勒派人送了一封信到那个戏剧学校，要求学校选派一名年轻女子去扮演一个小角色。嘉宝得到了这一机会，她那时的名字并不叫嘉宝，而是古斯塔夫森。但是，古斯塔夫森这个名字缺乏诗意，没有迷人的魔力，又不容易记忆，于是，导演的魔棍一挥，葛丽泰·古斯塔夫森就变成了葛丽泰·嘉宝。

嘉宝可以说是世界上最怕羞且神秘的女人之一。甚至那些和她一道工作的人，都认为她是一个高深莫测、不可捉摸的神秘人物。例如，华莱斯·毕蕾和她一起工作达两年之久——但是他甚至从来也没有见过她一次。这是因为他们出演的是影片的不同部分，而这些不同场面又是在不同的时候拍摄的。

有一次，美国最著名的评论家亚莎·白利斯伯专程赶往好莱坞，希望参观嘉宝拍戏，但没想到却被这位瑞典小姐一口回绝。她说："我很钦佩白利斯伯先生写的文章。不过，有他在场，恐怕我的戏就很难拍好了。"

更有趣的是，在拍戏过程中，有时嘉宝甚至会请求导演离开，这无疑是在说：除了摄影师之外，谁也不许看见她。你说她是不是很神秘呢？

她的摄影师名叫威廉·丹尼尔，嘉宝在美国主演的第一部片子便是由他来拍的。那时候，嘉宝的英语说得还不是很好，常常会暴露一些有趣的"破绽"来，几乎所有人都嘲笑她——只有威廉·丹尼尔一人例外。他是个聪明且细心的人，他察觉到这位特别美丽的年轻女郎非常敏感，正在为别人的嘲笑而感到局促不安。于是，当影片拍完时，他便会主动向她道贺，并且对她说他希望以后还能够再度与她一道工作。对他的这种安慰与赞赏，她几乎为之感激涕零。

从此，她就把他当做知己，因此在她以后主演的影片中，几乎全都是由他担任摄影的。当嘉宝返回欧洲以后，公司从未接到过她的信件，甚至连一张明信片也没有收到，倒是她的摄影师丹尼尔收到过她的一封电报。

全世界羡慕嘉宝的影迷成千上万，但是，由于她不善交际，所以朋友很少。虽然她的名气很大，可是当她被介绍给陌生人时，经常会不自觉地战栗起来。她喜爱孤独，每年都是一个人安静地在家里独自吃着圣诞晚餐。她家里没有收音机，笑声也很少，而且很少听到电铃和电话声。

在美国，知道嘉宝住处的人很少，甚至连那些和她住在隔壁的人都不知道自己的邻居就是大名鼎鼎的嘉宝。有一次，她租了一栋房子，付了三个月的房租，由于一名摄影师发现了她的隐身之处，因此她只住了三天就搬走了。

嘉宝的生活非常简单，与世界上其他任何重要的电影明星相比都要简单很多。她驾驶着一辆1927年的老式旧汽车。这辆车的车身已经剥落不堪了，实在是需要重新刷一遍漆，而且它的样式已经如此陈旧，以至于看上去就会让人忍俊不禁。她只有三个仆人：她的司机、黑人女侍从以及她的厨师。虽然她经常能存上一大笔钱，但她的生活费大约每星期只有一百元。

她最喜爱动物，散步的时候如果碰到了狗或者是马时，她总要停下来看看，然后用手去抚摸它们，拿些食物去喂它们，并且还和它们讲话。她还在游泳池内养了许多金鱼和青蛙。有一次，我的朋友去访问她时，她正在玩一只青蛙，于是，他们的这次谈话就完全集中在青蛙身上了。

你一定听人们讲起过有关她的脚的笑话。事实上她的脚和她的身材比起来并不算大。她的身高达到了五英尺六英寸，脚上要穿七码大的双 A 牌的鞋子。有人曾经告诉我，这是一个有着她那种身高和体重的女人的正常尺寸。

她的牙齿非常好，就像光滑的象牙。她从未看过一次牙医。"苹果酱"是她学到的第一个英文单词，这是因为她在工作室里听人讲得最多，于是便把它记住了。如果你现在要嘉宝用一个字来描绘好莱坞，她也许还是会说"苹果酱"。

影坛巨星——凯瑟琳·赫本

几年前的一个晚上，一个满头红发、来自美国康乃狄克州的瘦小女孩，自信地走上她学校礼堂的讲台，背诵《布仑亨之战》一文。她的脸上虽然长有雀斑，但是看上去很干净。她的父母和五个兄妹坐在台下的观众之中，他们眼中都闪着期待的光。对于他们来说，这是一个重要的时刻。然而，就在他们满怀期待的时候，发生了一件可悲的事情。当她开口讲出第一句话之后，突然紧张得再也说不出话来，她的喉咙哽塞，剧烈地喘息着，她讲不下去了，泪水噙满了她的眼眶，最后她一转身跑下了台。

凯瑟琳·赫本当时只有 13 岁。又过了 13 年，她却因为在电影中的优异表演而荣获奥斯卡最佳女演员奖——1933 年因为她在《牵牛花》中的出色表演，她得到了这一电影界的最高奖。第二年，她又因饰演《小妇人》而获奖。

在她离开布莱思·穆尔女子学校之后，她的运气越来越好。她很快就被选上主演百老汇的名剧《金池塘》，当时她在舞台只有两个星期的经验。对于凯瑟琳来说，这本是莫大的幸运，但是到了排演时，她却就她的动作和舞台导演发生了争辩。她按照自己的想法据理力争，但导演的话有着最终的效力——于是，不久她就失业了。

第二次，她又有了扮演另一剧本《致命假日》的主角的机会，但她却没有和那部名剧一起走到百老汇。她在费城就被辞退了，她是坐在化妆室里准备化妆演出时被辞退的——原因是导演认为她不太称职。

不久，机会再次降临到了她身上，她被选上和莱斯利·霍华德合演《动物王国》。这次，她决定好好把握住这难得的机会。因此，她花费几个月的时间认真阅读剧本，体验生活，揣摩她即将担任的角色。可是到了排演的时候，以前的那一幕又出现了。她固执己见，不听任何人的指导，她又一次被辞退。

这样做，是不是有点太傻了呢？在批评她之前，让我们来听听她自己的解释吧，凯瑟琳·赫本说："我认为，如果我能按照我自己的意思去表演，我一定能够获得成功。我知道，假如让我盲目遵从别人的意见，那么我所表演出来的人物必然缺乏自我的色彩，那我必定会失败。"——事实证明，她的话非常正确。

在她拍戏的前几年，她的父亲——康乃狄克州哈特福德的一名医生，在自己家中盖了一所健身房并训练他的几个子女——

同练习摔跤并在空中秋千上表演。就这样，凯瑟琳练就了一身灵巧的功夫，她能抱起体重 180 磅的男子，慢慢放到地板上，而她自己的身材却极其瘦小，只有 110 磅重。

她还擅长花样滑冰和花样潜水，她的高尔夫球技术很棒，在开始演艺生涯之前，她还打算以打高尔夫球为职业呢。她所受的这些练习对她在百老汇第一次主演《勇士之夫》这部影片中的一名跳跃的亚马孙女子，起了很重要的作用。正是因为有这些基础，在表演喜欢蹦蹦跳跳的亚马孙河边的女子时，她的表演非常出色。

她的表演非常逼真，以至好莱坞听到这件事之后，特意让她在银幕上试演了一次，并致电询问她的薪水要求是多少。好莱坞料想她的要求最多是每星期 250 美元。因此，当她的经纪人给好莱坞回电说，凯瑟琳女士的要求是每星期 1500 美元的报酬，他们还以为电报公司把数字打错了。电影公司又打电话向凯瑟琳询问，是不是在打电报的时候不小心多加了一个"0"。凯瑟琳的回电语气很强硬，她说："电报没有错，倒是我想错了，每星期 1500 美元的报酬太少了。"

等到凯瑟琳到了好莱坞之后，著名导演乔治·丘克负责对她进行指导。他建议她先去整理一下发型，同时还要求她换换服装，因为在他看来，她的衣服实在是太难看了。"难看？"凯瑟琳小姐生气地说，"你说什么？哈，这种服装还是巴黎最有名的成衣店专门为我制作的呢！"乔治·丘克反驳道："哈，我想这是我一生中所见过的最难看的服装了。讲究穿着的女子，绝不会在浴室外穿它！"凯瑟琳小姐气得说不出话来，不过她随即又笑了起来。

凯瑟琳·赫本在布莱恩·穆尔女子学校上了4年学，她曾梦想着当一名心理学家。对自己的服饰她向来都是不以为然。她曾穿着不雅观的绿长裙和带大头钉的鞋（那是人们去欧洲登山时才穿的鞋）在街上走，这使好莱坞人大为吃惊。

她的眼睛是绿蓝色的，而头发则是红色的。当她在好莱坞拍电影时，她每天早晨都要用药水洗一次头发，以使头发的颜色淡一点。

有一次，她在学校跳舞，一个年轻男子撞了她一下，当他转身道歉时，她却怒目相向。后来，他们又在舞池相遇了，这位男子竟走过来邀请她跳舞，他们就这样相识了。后来，他们经常开着汽车一同在月光下漫游，谈情说爱。

6个星期之后，他们就结了婚，但后来又离婚了。凯瑟琳对此事简单地解释说："对我们来说，这一切都很自然。"

她曾7次去欧洲，每次去坐的都是三等舱，甚至有一次，是当她已经在好莱坞每星期赚到1500美元、已经很有钱的时候，也不愿把大把的钱花在头等舱上。

她在自己的薪水待遇上毫不含糊。有一次，她按照合同的规定拍完了一部影片，但后来却被告知要重拍一幕戏。于是，她被召了回来。据可靠人士透露，因为多加了一天的工作，她索要了10000美元的额外报酬。她大约是电影史上唯一能那样做的人。

"灰姑娘"——海伦·杰普森

你喜欢灰姑娘的故事吗？这里就有一个真实的灰姑娘的故事，一个曾经被人称为"胖姑娘"的小姑娘，长大后摇身一变成为最美丽的歌唱家。她是一个穷得上不起学的小女孩，而如今她变成了纽约大都会歌剧团最杰出的女演员。

1930年，这个女孩曾接连在各电台试歌，但始终没有人愿意接受她。但就在四年后，美国广播界的编辑们评选她为当年最重要的广播人才。

有一年，当我在哥伦比亚广播公司当播音员时，坐在听众席前排的一位漂亮女士令我赏心悦目——她有着一头醉人的金发，一双温柔的棕色眼睛，一副健美的体格，还有一种特殊的魅力。最后，我终于有机会认识了她——我发现她原来不是别人，而是著名的海伦·杰普森，也是乐团中吹笛乐师乔治·鲍威尔的太太。

　　我问乔治他们的结合是不是一见钟情，他回答说："是的"。但海伦突然插嘴说："是的，一见钟情是在我这方面，但对于他来说，却不是那么回事。我爱他并非一天两天，在他对我加以细微的留意前，我就爱他很久了！我甚至在他的房子附近来回地走，幻想着能在他散步的时候遇见他。后来有一天，我在一个门口无意中看到了他，但我非常紧张，竟慌乱地跑开了。我第一次遇见他，是他在薛达堂湖参加音乐团演奏的时候，当时我 20 岁，他 32 岁。那时我毫不知名，而他却处在事业的黄金阶段。可是我非常爱他，爱得如痴如醉，为了可以看他一眼，我时常在树后，等待着他从树旁经过。"

　　我问海伦·杰普森，她最让人惊奇的是什么事，她说："噢，多数人惊奇的是我已结婚并有一个小孩子了。"

　　我问她的小宝贝名字叫什么。她回答说："她差不多有 3 岁了。"

　　我说："是的，可是你叫她什么呢？"

　　她的回答仍然是："她差不多有 3 岁了。"

　　"是的，我知道，可是你叫她什么呢？"

　　她又回答说："当我的生日来到时，我将会吃到冰淇淋和甜饼干。"

　　她就是喜欢这样答非所问，和你打岔。我问海伦·杰普森是不是迷信。她立刻回答说："啊，不是的，我在大都会剧团的更衣室内吹口哨，你知道这对一个歌唱家来说是一件顶不好的事情。"

当她的孩子降生时，她让医院的看护将一串念珠放在小孩子的脖子上，念珠上刻着小孩的名字。后来，杰普森把那串念珠改造成一个小手镯，当她参加演出时，如果她没有戴上它或者没有把它握在手中，她便唱不出来。

我问海伦女士这是不是迷信，她回答说：“啊，不是的。那是我的护身符！”

假如海伦·杰普森没有在俄亥俄州阿克伦城的俱乐部唱过《把我带回维吉尼亚》这支歌曲，或许她今天还是一样卖女人胸罩的售货员，而不会成为音乐界鼎鼎大名的人物。

事情的经过是这样的：她总是渴望自己能够成为一名歌唱家。

她有一位姑母是从事舞台生活的，她常送给海伦一些自己不要的衣服。小海伦时常穿着这些衣服又唱又跳，并与邻近的小孩子“演戏”玩耍。后来在中学时，她加入了歌唱团，毕业后，她就在阿克伦城某百货商店卖女人胸罩。这个职业非常枯燥，但却可以挣到一些钱，这样她就能偶尔到克利夫兰城学习音乐。每星期日她在教堂的唱诗班参加唱歌，有时她也穿上殖民地土人所穿的衣服，在各种集会及交际场中唱歌。

一天，一位商人在扶轮社听见她唱《把我带回维吉尼亚》，当时，这位商人正需要一位女售货员在她的商店里售卖唱片，于是他就聘用了她，同时也使她的一生发生了改变。她在这家音乐商店里，翻来覆去地唱那些唱片的歌曲，还模仿杰莉芝、宝丽及罗莎、彭西里等人的风格。终于有一天，机会来了。

在著名的柯地斯音乐会中，有一场歌唱比赛，优胜者可以获得音乐学会的奖学金。她孤注一掷，决心去费城。

在那两百名参加竞赛的女孩子中，也有人的歌喉像她一样甜美、清纯，并具有动人的魅力。可是，她却具有一些她们所不具备的东西。她懂得推销，她具有很强的表达自我的能力和把自己的歌声传达出去的能力。并且在后来的评审中，有一个小细节助了她一臂之力。有一位评审员注意到她的袜子上有一块缝补整齐的补丁，这位评判员对这个有着补袜子的耐心的女孩子很是欣赏，于是，海伦·杰普森最终如愿以偿获得了那个奖学金。

她和另一位女孩子在城郊合租了一间屋子，她们的房子在五层楼上。在严冬的日子里，为了取暖，她们抱成一团。她们点了一支蜡烛放在地板上，把它想成一个火炉。她们每天只花五角钱用于吃饭，她们竟是在一个小汽油灯上做饭吃。有时，除了汤之外，她们没有别的食物。可是她们还在唱歌，并想象着她们正身在巴黎。这样的生活困苦吧，但她们一点也不觉得苦。

我最佩服海伦·杰普森的是：成功、声誉和金钱并没有让她沉醉于奢靡之中而毁掉自己。现在她的声誉如日中天，但她仍像 15 年前在俄亥俄州阿克伦城为她父亲扫地、炒菜时一样随和、朴实。

第六部

艺术奇才

米老鼠始祖——华德·迪斯尼

《米老鼠》和《猪小弟》的作者华德·迪斯尼，称得上是美国最为著名的人物之一。然而，他在二十多岁时还只是一个名不见经传的穷困潦倒的小子，可是到了三十多岁时，他已成为家喻户晓的人物了。全世界的人都喜爱卡通片《米老鼠》，在阿拉斯加的某个地方，影迷们甚至还组织了"米老鼠会"，在雪屋中聚会。

确实不错，他曾经穷得身无分文，但他后来却十分富有。他把自己多余的钱全部投入到自己的事业上，因为摄制影片所得的利润相对于储蓄的利润而言更多。

少年时代的华德·迪斯尼，曾前往美国堪萨斯城谋生，当时他的理想是成为一名艺术家。他刚开始是到堪萨斯的明星报社应聘。该报社主编审读过他的一些作品以后，认为作品缺乏新思维而没有录用迪斯尼，这令他失望和颓丧不已。

后来，他替教堂作画。可是，这份工作的薪水非常低，这点钱连他租用画室的租金也支付不起。于是，他只好借用父亲的汽车库作为他的临时办公处。当时，他还认为这样的生活十分艰苦，但是他后来却再也不这样想了，他反而认为这座充满汽油味的车库对他具有重要的影响，其价值至少可达一百万美元。

有一天，当他和往常一样在车库工作时，忽然看见一只小老鼠在地板上跳来跳去。他赶紧跑回家拿了一些面包，回来后把面包屑给它吃。渐渐地，迪斯尼和这只小老鼠之间混得很熟悉，有时那只小老鼠竟会大胆地爬上他正在作画用的画板，并有节奏地跳跃。

不久，迪斯尼被介绍到好莱坞，帮助摄制一部以动物为主角的卡通片。但非常不幸的是，这次他失败了，结果他不仅因此而穷得身无分文，并再度失业。

正当迪斯尼走投无路的时候，他突然想到了堪萨斯家中车库的那只在画板上跳来蹦去的小老鼠。他立刻画出了一只老鼠的轮廓。就这样，在灵感刺激下诞生了米老鼠的卡通片。谁又能想到，那只在堪萨斯城汽车库里已经死去很久的老鼠，竟然会成为《米老鼠》这部在世界上最负盛名影片中"米老鼠"的祖宗呢？不但影迷给米老鼠写的信要比任何演员都要多，就连米老鼠足迹所至的国家，也令其他任何演员都望尘莫及。

在《米老鼠》影片中的米老鼠配音，总是由迪斯尼自己负责，同时其他许多动物的配音也大多由他来担任，因此华德·迪斯尼需要花不少时间到动物园去研究各种动物的声音。

迪斯尼手下的助手有134位，他们能够帮助他管理一切，不论处理什么事情，例如，画稿、制作字幕、配音乐等等，都不用他操心。迪斯尼大多利用空余时间研究新的计划。每当他的研究有了心得之后，他就会和他的助手们一同公开地进行讨论。

有一次，他曾向他的助手提出建议，希望能够把他幼年时听母亲讲给他的"三只小猪和大坏狼"的故事搬上银幕，但是他的助手们都不赞成。迪斯尼本想就此取消这一计划，但"三只小猪"的形象总是萦绕在他的脑海里，使他难以抑制地又提了好几次，但仍然没有得到助手的同意。

终于，他的助手们做出了一些让步，说："好吧，我们不妨试试吧！"他们之所以这样回答，无非是不忍心拂逆迪斯尼的诚意，而事实上他们对这项计划没有任何信心，认为即使做了，最终也只能是失败。

本来一部《米老鼠》影片的制作完成总共需要三个月的时间，因此他们不愿耗费那么多时间去摄制《三只小猪》。于是，他们只用了两个月的工夫便草草地完成了这部影片。这些助手没有一个人相信这部影片能赚到钱，但他们没想到的是，《三只小猪》问世之后，竟然令整个美国为之震动。接着，各地人都在哼唱那首"谁怕那只大坏狼，大坏狼，大坏狼……"的新歌了，这部原本无人看好的《三只小猪》竟获得了至高无上的荣誉。

据迪斯尼本人告诉我，这部影片在某些戏院前后曾重映达七次之多，而这是自有动物卡通片以来所取得的最好业绩。几乎所有人都猜测迪斯尼公司摄制这部影片至少可以获利三十万美元，但迪斯尼亲口对我说，公司只赚了十二万五千美元。

总之，迪斯尼所设计的卡通片，的确都具有不朽的价值。而且事实就摆在眼前，在几十年前摄制的《米老鼠》，现在还有一些戏院在重映呢！

迪斯尼终身为动物卡通片所做出的不懈努力是最值得我们敬佩的！据他自己说，这是由于"兴趣"，而不是为了"赚钱"。我知道他没有任何不良的嗜好，喜欢每天下午打打棒球或马球。

喜剧泰斗——鲍伯·霍伯

为传播欢乐满人间，而绕行赤道三周的英国人。

飞行八万英里只为博君一笑的人，世上除了鲍伯·霍伯之外，恐怕再也找不出第二个人了。所谓八万英里，其距离比绕赤道三周还要远。但为了博取出征中的美国大兵一笑，他却飞行了这么遥远的距离。

在阿尔及利亚，他曾遭到敌人炸弹的攻击；在意大利，他在轰炸中的机场和弹药库中幸存。乘着摇晃的卡车、坦克、吉普车，去慰劳前线将士；使得患了思乡病的将士们，都沉醉在他谐趣的笑话中。

在英国有六百名士兵为了观赏鲍伯·霍伯的首映表演，而在荒野上走了十英里。最后因为路途实在太遥远了，不得不中途折返。当他听到这个消息后，未待观众的掌声停止，他就和团员乘吉普车由后面赶上他们。特地为这六百名士兵，在荒野中表演一段节目。

在英国的演艺人员当中，鲍伯·霍伯的唱片并非很畅销。但，他是第一位把幽默当成战争润滑剂，并将幽默送到前线的人。除了国内各地的演唱之外——还远至阿拉斯加去做巡回演唱。

当时，阿拉斯加的司令官是赛门·巴克纳中将。有一天，在巴克纳中将的住处，接到一张有趣的电报。内容是"穿着晚礼服前往歌唱、舞蹈与笑话，可以吗？"发信人姓名是鲍伯·霍伯。

在接到"可以"的回电后，鲍伯·霍伯一行人就在阿拉斯加各个前哨部队做巡回表演。而其受欢迎的情景，不逊于在纽约的大型剧场演出。此外，他也到阿留申群岛表演。在简陋的铁板屋内，为难得放假的将士们，掀起了一阵阵欢笑的旋风。

鲍伯·霍伯一直被认为是美国的喜剧演员，实际上，他出生于英国，小时候，跟随双亲移民到美国的克里夫兰。7岁时，立志从事舞台表演。

一次，他站在教堂讲台上吟诵诗歌，由于他的发音错误、文句错乱，而使得在场者莫不捧腹大笑，若是一般的小孩，必定会红着脸羞愧地逃出来。而鲍伯则微笑地翻个筋斗来答礼。因为在那一瞬间他发现到——再也没有比逗别人笑更快乐的了。

12年后，他仍然无法忘记当年的志愿，一面工作，一面仍念念不忘舞台的诱惑。有一次，在汽车厂仓库值班时，看到经理的办公室中有部录音机。他迫不及待地找来同伴，组成四重唱，每晚对着录音机大唱。一天早晨，他的经理把录音机打开时，突然响起"今夜的街道是无止境地喧闹"的歌声。正如同歌词一样，果然引起很大的骚动——他被开除了。

左思右想之后，他终于决定去当演员，伙同朋友二人一组，搭档歌舞演出，其后的两三年内，一直过着贫苦的生活，每天以豆子和甜甜圈维生。至今他一想到豆子和甜甜圈，就倒尽胃口。

不久，生命出现转机了，事实上，是歪打正着。当时，他所演出的小剧场经理，希望他能在舞台上讲述下周的节目内容，鲍伯走到观众面前，谐趣地说："实际上，我是受经理之托，要来宣布下周有一个非常好的节目，题目是非常地……"他说了半天，始终无法说出节目内容。但在这十分钟之内，观众被鲍伯的诙谐言语，逗得捧腹大笑。下了舞台后，经理对他说："鲍伯，你的歌舞表演可以告一段落了。以后就改成你的个人秀！"

因此，鲍伯改变了演出内容，开拓了个人秀的表演新境界。从此以后，他的演艺生涯一路步上坦途。

目前，他的年收入为 40 万美元。而且根据好莱坞的传言，他对财产的管理似乎很有一套。大约两三年前，他受全美最大的银行老板之托，担任好莱坞的投资顾问。"董事长，我力荐鲍伯·霍伯为投资顾问，只要有他，业务必定会直线上升。"

"哦！是吗？"那位大老板回答。"这三年间，我一直非常注意鲍伯·霍伯的动向。你倒不如委托他管理财产！"鲍伯·霍伯正是他所说的人才。

1930 年，他被推荐到广播公司。"很难得的机会，却错失了。"他笑着说，"我认为很可惜，就像是连一垒都还没有到达，就被三振出局了。"

五年后，广播成了热门传播媒体，良好的机会又来了，这次，他一定要在广播界大显身手。为了争取这项难得的机会，他彻夜未眠地猛背剧本。到了广播电台，才知道是一个没有任何观众的场地表演独白。观众席是空的——"再也没有比这更无聊的场地了。"鲍伯·霍伯说。

突然间，他发现隔壁正在播放查理·马卡希与艾多卡·巴根的腹语术节目，全场爆满。因此，他再三托人，在巴根的播音室与自己的播音室间疏通一条通道。不久，观众们陆陆续续走进来，他大叫说："各位观众，请往这里走、往这里走——入口在这里呢！"他把所有的人都骗进自己的播音室，这是他生平第一次的广播，观众是用"骗"来的。

在现实生活中，鲍伯·霍伯是个精力充沛、丝毫静不下来的人。而他的电话号码特别多，电话线也特别长，有七八码左右，因为这样他才能一面在屋里走来走去，一面讲电话。他安静不下来，除了漫画书以外，他很少专心看书。

他时常临时应变地表演诙谐的言谈，事实上，他曾竭尽心力苦思这些题材、笑料。在他的卧室隔壁，有一间大门深锁的房门，他从不把房间钥匙交给任何人，另外，他还用了六名诙谐作家，这些人每天都要绞尽脑汁为他构思新的警语或笑料，如同琢磨钻石般地仔细斟酌字句，以供他取用。

鲍伯·霍伯的笑话，据说已使一亿人捧腹大笑。但却有一个人从来不笑，那就是鲍伯·霍伯的妻子多罗蕾斯。她说："当我在看电影或听收音机时，还会觉得好笑。但他在家里表演时，我却笑不出来。"他自己说："我不知道是怎么回事，只要在家里，我就无法完全投入表演。"

名演员常常有很多毛病，而鲍伯的毛病就是迷信。派拉蒙电影公司曾向他提议，营建一个新的后台以供使用，但是，由于这个后台是他拍第一部电影所用的后台，所以他坚持不准别人将它拆毁。然而，这后台狭小的如同一间壁橱似的。最后，只好在这个像狗窝般的后台旁，再增盖几间房，才把这个问题解决。

鲍伯·霍伯一直期望有一天能获得奥斯卡金像奖。虽然，他未能如愿以偿，但他仍把驻守前线的美国士兵放在最重要的地位，因为他们保障国土的安全。他曾说："我所确认的人生，只有一个字，那就是——美。"仅是这句话，就足以显示鲍伯·霍伯的人生观了。

他的本名是雷斯理·达恩士·霍伯。首度在舞台上担任主角是在1932年。从事广播是自1935年起，电影则是自1938年起。

影坛巨星——克拉克·盖博

他过去是一个腼腆、害羞的男人，如今却是闪耀的明星。

美国人才济济，但像克拉克·盖博（Clark Gable）这样有名的人，大概没有吧！他是电影界第一流的名演员，在中国、印度、非洲、欧洲、南美——全世界到处都有无数的影迷。即使不知道美国的历史、不知道美国将军或司令官的人，只要一听到克拉克·盖博的名字，无人不怦然心动，那是因为他的影迷遍布全世界。

几年前，盖博到南非时，女影迷紧紧地围着他，热烈地抓着他的后颈，帽子被抢走、外套也破了，衬衫更是四分五裂，他的衣物都被抢去作纪念品了。

第二次世界大战时，他志愿从军，不再演电影，尽可能地隐藏自己，但是，驻扎在英国时，还是被大群影迷包围、追逐，最后却逃进教室中，连在田间帮忙的女孩子，也放下工作，特地跑到美军基地附近守候，即使只看他一眼也觉得非常荣幸。

1942 年，他 42 岁时放弃好莱坞优厚的酬劳，毅然从军了。当时周薪是 7500 美元，是美国总统一年的薪水，但他却选择了月薪只有 50 美元的军旅生涯。

两三年前，我有幸与克拉克·盖博认识。他是一位很友善、谦虚而且不矫饰的人，我立刻对他产生了好感。在几十部电影中，他曾饰演各式各样不同的角色，像他本身那么富有戏剧性的经历的角色，恐怕在银幕上还没演过吧！

15 岁时，某天夜晚，他冲进一家小吃店用餐，这是他一生重大转变的契机，为什么呢？因为他在小吃店中，碰见了前来爱可伦市巡回公演的戏剧演员，而感到无比兴奋。他初来爱可伦市的两三个月内，是在一家橡胶公司担任时间记录员，在此之前，一直在田里工作，挤牛奶、喂猪食、将干草堆到马车上，或者在玉蜀黍田里耕作，然而他很厌恶这样繁重的工作，不得不汗流浃背、卖力地工作。

那夜是他生平第一次亲眼见到所谓的演员，"这就是所谓的演员吗？"他如此想着，却莫名地兴奋起来了——"我也要出现在舞台上！"想归想，但要当个演员，并非一蹴而就，必须从剧团的打杂工做起。"喂！轮到你出场了！"这样传唤演员出场的职位。然后，他也做了演员的打杂工，为他们洗送脏衣物、缝补扣子等等。

在剧团做了两年的打杂工，当时的薪水到底有多少呢？答案是"零"。工作了两年得到的只是经验。那么他如何维持生活呢？晚上睡在舞台内侧，以外套代替毛毯。吃什么呢？因为和演员们处得很融洽，每天中餐、晚餐都是别人请的。

在那段时间他养成了不吃早餐的习惯。过了好多年，即使成了收入几百万的世界巨星，他仍然维持不吃早餐的习惯。

即使不吃早餐，他也毫不在乎，那是因为他才 15 岁，就可以做自己想做的事。这是一个彩梦的世界，有灯光、香粉、掌声和喝彩，是罗曼蒂克的世界。当时俄亥俄州应该有不少百万富翁吧！但恐怕没人比做戏团打杂工的克拉克·盖博更幸福吧！

我问他："日薪一千美元，是否比没有薪水的戏团打杂后更快乐呢？"他回答说："那是名都不能买到的幸福呢！"

在爱可伦市的剧团工作了两个月后，突然，悲剧降临了，继母去世，家庭破碎，而克拉克·盖博对将来的计划因之破灭了。

父亲说："我不再做田里的工作了，要去俄克拉何马州的油田工作。你也和我去吧！"对父亲而言，他的儿子真是太傻了，到油田工作一周可赚 12 美元，然而，却有傻瓜儿子连续做了两年没有薪水的剧团打杂工呢！"和我一起走吧！"这是命令，完全没有商量的余地，也不准顶撞。自此克拉克·盖博在炼油工厂工作了两年。每天满身都是油污，既要挥动重达 18 磅的铁锤，还要在高 60 英尺的钻井台上为滑车注入润滑油。

19 岁的时候，他终于向父亲表明了态度："我这次一定要重返那如梦似幻的演艺世界。"

因此，他加入了"原耶儿·普列儿兹"的乡村巡回公演的剧团。那是三流的剧团，在堪萨斯州、内布拉斯加州，中西部一带的乡镇空地上搭起帐篷就开始表演了。入场券分为五分、一角、一角五分三种票价，演出戏码为《汤姆叔叔的小屋》，还有当时最受欢迎的《查理的婶婶》等等。

问起那个剧团给多少薪资，克拉克·盖博笑着回答——谁都拿不到薪水呢！剧团必须支付各种费用，如果有剩余的钱，才能平安分给大家，曾经有一两次，一星期的收入在平分前，只有两元七角五分。

1922 年 3 月 21 日，他在漫天风雪的蒙大拿州比特市进退两难了，身上只有七分钱，前途茫茫、毫无希望可言，有的只是一身的债务，还有绝望。

第二天清晨，克拉克·盖博步履蹒跚地往车站的方向走去。此刻的他正是饥寒交迫，长裤上尽是补丁、鞋底也裂开了，口袋里只有七分钱。他走进邮局，拍了一封电报给父亲："速寄旅费，以便返家。"

写完之后，他非常迷惘和茫然地远眺远方的大风雪，一边想着——怎么办呢？到底要不要发这个电报呢？

"放弃喜爱的戏剧生涯，去从事厌恶的工作吗？"他矛盾地自我反问。最后，他发挥荷兰血统特有的不屈精神，决心继续目前的工作（父母都是所谓的宾夕法尼亚州的荷兰人血统）。他将写完的电报扔掉，随后走出邮局。他搭上运货火车，离开了比特市。那真是所谓的无家可归的情景。

火车正要穿越河谷时，他被司机发现藏在火车中，司机毫不留情地赶他下车，那是 1922 年的事了。

当时他无计可施，只好做了三个月的木材运工，凑足了到俄勒冈州波特兰市的旅费。到了波特兰市后，又加入了乡村巡回的剧团，之后，剧团又陷入困境，他只好又做了临时工，替测量师做测量工作，在玉米田驾驭驴子，在修筑道路的工程中做除草的工作，也在制材场工作。

不久，他又回到波特兰市，但都找不到工作。他一听说哪里有好工作，就前去应征时，总是被捷足先登了。因此，他花多很多时间精力，才到报社担任撰写三行广告栏的工作，这是受理分类广告的工作。后来，他终于找到一份理想的工作，就是替电话公司做架线工作，周薪 16 美元。

这个工作是他一生的大转机。有一天，他被派到波特兰市的利特鲁戏院修理故障的电话，因而认识了舞台的女导演约瑟芬·迪伦。

他恳切地向约瑟芬请教演技，她被他的魅力吸引住，不久，他俩便双双坠入情网，他向约瑟芬求婚，随即在 1924 年 12 月顺利结婚了。他们共同辛苦奋斗了数年，克拉克·盖博终于得到演出警匪片——《自由的灵魂》的机会。借着这部影片，他雄心万丈地朝着大明星的宝座迈进。

那段期间内，他在百老汇担任的是小角色，伺机向好莱坞进军。他也时常向电影导演请教有无临时配角的工作机会，持续了数个月，终于有机会在电影中露脸。而且，还是个有台词的角色呢！他欣喜若狂，决定以此作为进军好莱坞的踏板。但是偏偏事与愿违，经过了六年那部有台词的角色才正式上演，而且，并没有如预期般地造成轰动。

前后八年间，他曾经以临时演员的身份出现在电影中。直到他主演《风流寡妇》时，日薪才只有七元五角而已。经过数年，他成为大明星后，他将当时以日薪七元五角主演的《风流寡妇》的通告裱入框内，挂在墙上，并且写了几个字——"勿忘，盖博，勿忘当年！"

但是，克拉克·盖博那样做绝不是矫枉过正，只因为他有超于常人的坚忍毅力罢了，连在迈阿密市美国空军训练所受训时，也被投票选为全校最受欢迎的人物。那是因为他率直、善解人意，而不自视甚高的缘故。

他担任 B-29 的射击手，严格接受数个月的训练，这是好几万年轻人都畏惧的严厉训练，但克拉克·盖博已 42 岁了，却没有逃走。

克拉克·盖博在演艺圈内饰演情圣居首席之位，然而他说，年轻时和女孩子交往，常常受挫败。且经常暗中爱慕别人，对方却不曾注意到他。他非常羡慕那些在女孩子面前落落大方的同伴们。

当年，他十分害怕与女孩子交往，后来却成为最勇敢的人，因为他具备了勇气和毅力，才能荣获在"欧洲本土占领区域内，连续数次炮击战争行动中功勋卓越者"的空军荣誉奖章。奖牌上记载着："在这些炮击战中，盖博上尉所发挥的勇气、沉着、以及坚忍毅力，是值得赞赏的。"

他生于 1901 年，主演《一夜风流》（1934 年）得到艺术学院奖，一跃成为大明星，并主演轰动全球的不朽名片《乱世佳人》（1939 年）。他一直活跃于银幕上，直到 1960 年逝世于好莱坞为止。

喜剧演员——哈洛德·罗伊

托占星术师、眼镜之福，他成为世界富有的演员。

初次看见哈洛德·罗伊（Harold Lloyd）的时候，我确实吓了一跳，他和银幕中的他颇不相同。据说在人群中没有人能很快地找出罗伊本人。例如，有时候罗伊和戴眼镜的友人一同参加宴会（罗伊除了在电影中出现戴眼镜外，其余时间不戴）。那位朋友和罗伊长得并不像，但是任何人都会认为戴眼镜的男人是罗伊，那位朋友反反复复说了好几遍"我不是哈洛德·罗伊，他才是！"但是大家都认为他是开玩笑的。

哈洛德·罗伊是位稳重而好学的人。事实不然，他精力非常充沛，而且在任何时间内皆不断地大声谈笑。但是他不会因受人喜爱而任意妄为，是一个很注重形象的公众人物。

罗伊自认不迷信，他认为迷信是属于无知的黑暗时代。事实上他也有两三个迷信。例如，他绝对不通过洛杉矶内的隧道。

他认为通过隧道一定会有坏事发生。走出大厦时，必定从原先踏入的那个门出来；经常携带避邪的"幸运符"。

他十分热衷于画风景画。喜欢以魔术、戏法或扑克牌的诡计使人陷入迷雾中。而且喜好饲养配种的小狗。有段时期饲养了七十多头大猎犬，把家中搞得天翻地覆。

12岁时发生一件改变他一生的事。在内布拉斯加州的奥马哈市时，有一天他从学校漫步回家的途中，有一位占星术师站在街角，并挂着数张彩色的星座图，那人说占星可看出你的未来运势。哈洛德瞪大眼睛催眠似的听着，突然间有一辆消防车急驶而过，其余的孩子均追着车跑，只有哈洛德一人站着听那占星术师说话，围观的人群中有一男子说这小孩有点奇怪。

他就是约翰•柯拿——欧曼哈市的巴乌德剧团的主持人。柯拿和哈洛德打招呼并交谈，谈及剧团中有人想租房子，哈洛德表示很幸运地家里有空房，愿意出租。事实上他从数年前即有意成为演员，他说和演员住在一起，就如同和世界拳击冠军约翰•沙利威和足球王巴福路•比利同住般高兴。

从那以后，巴乌德剧团缺临时演员时，就由柯拿游说哈洛德代替。

哈洛德从没忘记柯拿的恩情，到今日有关影迷的信函也都委托他来处理。

哈洛德的母亲是位裁缝师和推销员。父亲因车祸而脊柱骨折，因而从保险公司领到3500美元。那是一大笔财产。因此一家想离开中西部，到别的地方发展，但是要往哪里呢？有人提议向西部到加利福尼亚州去，有人提议向东到纽约去，意见非常不一致，因此父亲说："投钱币来决定吧！出现正面就到加州福尼亚去，反面就去纽约。"

结果，全家迁居加利福尼亚州。哈洛德出入剧场打杂，不久得了电影配角的演出资格。这是第一次演出，仅扮个印第安人，捧着装有食物的盘子在面前　晃而已。哈洛德认为这个角色不重要，而不重视。渐渐地他不接这种角色，导致无法谋生而睡帐篷。若不再想办法赚点钱，除饿死之外别无他法，因此他下定决心，无论如何要多接些配角的角色。

自此，每天从不间断到摄影棚里分配角色的事务所去询问。可是必须避开守卫的视线，然后混进入人群中是件不容易的事，后来他才注意到，正午时分摄影棚的演员将陆续去餐厅吃饭。吃完饭后在脸上涂抹脂粉再回去，此刻守卫不会仔细检查每一个人。因此从那天起，哈洛德·罗伊一到正午，就躲在广告牌的后面，脸上也抹了粉，然后混入人群中吃饱饭，再返回摄影棚的队伍中。

他每天和演员接近，并混进摄影棚内，可是一直没有工作机会。但是每个人都非常喜欢他，其中这些人中也包括是从音乐室的窗户悄悄地溜进去的。

摄影棚内有一位叫哈鲁·路七的演员，经常在电影中担任配角的演出。某日，这位路七和罗伊聊天，谈到他伯母去世，因而意外地获得一些遗产，他想利用这笔钱投资电影制作，拍些喜剧片，他于是问罗伊，"你认为呢？你帮我忙如何呢？"

因为罗伊开始演出第一部喜剧片，穿上不合身裤子的模样很像查理·卓别林。

某日，突然想出一个好主意，虽然是灵感一现，但是对罗伊而言是笔很大的资产呢！他因为工作疲劳而恍恍惚惚走入剧场时，有一位头戴硬壳平顶草帽，又架副眼镜装扮的男子正在饰演牧师。他本人一直是扮演滑稽角色，然而却觉得这个牧师的装扮非常滑稽；于是，罗伊下定决心要塑造那个滑稽的形象，以眼镜作为自己的商标，之后却使罗伊的名字遍布世界各地。

然而罗伊到了 20 岁都还全然不知自己的演技是滑稽的，因此他认为自己的长相一定是滑稽的吧！到那时为止，还经常边朗读边唱莎士比亚的台词。他刚出道时，导演曾如此说："你不是很好的喜剧演员，只会站在那儿像个木头人，放弃电影，另外找其他的工作谋生吧！这一行业不适合你！"

但是罗伊非但没有放弃，反而更加努力——如今是世界上最有钱的名演员。事实上，到目前为止没有一位演员像罗伊一样富有。

罗伊成为大明星拥有大资产后，自己出资资助癌症的治疗法研究，也热心参与社会活动。他生于内布拉斯加州，13 岁进入电影界，之后独立经营电影制作而相当成功。在世界上，罗伊演出的喜剧片受欢迎的程度仅次于卓别林。

幽默影星——罗吉尔

　　美国每年赚钱最多的人你知道是谁吗？要事先声明的是，我并不是指工商界的人士，而是指那些不必从事交易或买卖而获得高额收入的人——他不必雇用职员，也不需要什么助手，他只需依靠自己的特殊才能就可以赚到大把大把的钞票。

　　你可能会说，这个人是查理·卓别林？但他自己还创建了一家电影公司，因此我会非常干脆地回答："不是他！"

　　那么是葛丽泰·嘉宝了？不是！

　　莫非是阿莫斯·安迪？不是！

　　恐怕是曾迪·万里吧！也不是！

　　你都猜错了，那个人不像你想得那么好。他没有受过教育，英语也说得不大好，他穿的是旧式的衣服，和人约会经常迟到，他喜欢嚼口香糖——他是一个不修边幅的人，他的名字叫罗伊·罗吉尔。

216

他每年只拍摄三部影片，却能获得 375000 美元的巨额报酬。他每天为一家报纸写一段短文，就可以得到 400 美元的稿费。要是他在公共场所讲一则幽默故事，他就可以获得 3000 美元的演讲费。他在电台播音的待遇更高了，每分钟就能够得到 330 美元。

他是在美国大选的日子出生的，因飞机失事而罹难，去世时只有五十多岁。

你以为他是美国人吗？那你又错了。他并非生在美国直辖的 13 个州境内，他是在印度出生的，他诞生时的小屋子至今依然存在。罗伊·罗吉尔的父母都带有一些印度血统——母亲带有的约 1/4，父亲带有的约 1/8。

谈起罗吉尔第一次到纽约的情形，实在是滑稽至极。当时他开着一辆旧货车，车上全是体型庞大的牛。他从俄克拉何马出发，一路上非常疲倦。他就和这些牛睡在一起。当他到百老汇游玩时，穿着牧牛鞋和土里土气的破衣裳，所有人都取笑他。有一个顽皮的孩子甚至将他的破帽子抓起来开他的玩笑。可是，当他在几年后重到百老汇时，却非常气派，他是乘飞机来的。当他走在街上时，人们个个向他行注目礼，并请求他与他们合影，还说他是"天之骄子"。

他在年轻时决意外出旅行，为的是增广见闻。南美是他的第一个目的地，为了节省旅费，他一路上都坐下等舱。抵达以后，找到了一个牧牛的工作，每个月的薪金只有四元。波埃尔战事爆发后，罗吉尔乘船到了南非，在英国骑兵队里喂马。

　　战争结束后，他的生存成了问题。于是他只好和士兵住在一起，吃别人的残羹剩饭。后来，他加入了一个马戏班，负责的角色是在车子上杂耍。这样，他才跟随马戏班回到了美国。而他在马戏班杂耍时的那种幽默和怪腔调，竟被一个著名的星探看中，他从此进入美国电影界，逐渐成为一颗崭露头角的世界明星。

　　他的妻子叫碧蒂·白兰克，是一位美丽而善良的夫人，她生于阿柯塞斯。他们第一次相遇时，她正在喝柠檬汁，而他正好骑着一辆新买的脚踏车经过。他一眼瞥见了她，好像他们的姻缘是前生注定了似的，他对她恋恋不舍。

　　为了博得这位陌生姑娘的欢心，他故意在骑到她的身旁时表演非同寻常的绝技，想藉此卖弄一下自己。可是不幸得很，他竟一不留心，摔下车来受了伤。心地善良的白兰克小姐立刻跑过去，把他扶起来，替他擦洗伤口。这就是他俩初次遇见的经过。她后来便成为罗吉尔夫人，并给他生了三个孩子。

　　罗吉尔的一生富有传奇色彩。他曾有机会拜见过多位皇帝、皇后，以及其他尊贵人士，可是令人难以置信的是，他一辈子没有做过一件礼服，连平时所穿的衣服也非常随便，只有在拍戏时，导演为了需要强迫他时，他才勉强给自己打扮并修饰一番。他虽然每年赚很多的钱，但他的口袋里永远最多只带五美元，而且他一辈子都没有买过汽车。

音乐神童——莫扎特

因为贫穷，莫扎特才谱出了让世人感动的音乐。在贫困者心中，有一颗神秘而美丽的仁慈之心，弹奏着世间美妙的音乐。

俄国已故的李奥·波尔是世界上最著名的教授之一，他的学生桃李满天下，遍及世界各国，由他提拔和训练出来的人才不胜枚举。

有一次，他对我说了一句让我永难忘怀的话："如果你想成为一个卓越的音乐家，那么，你生来就应该是贫穷的。"

他担心我没有听明白他说的话，又补充说道："在贫困者的内心当中，有一种说不出来的极其神秘、极其美丽，可以使人们增强力量、思考、同情和仁爱之心的因素。"

李奥·波尔说得非常正确。大音乐家莫扎特就是这么一个贫穷的人，他穷得甚至没有钱买木炭来给居住的破屋取暖。在寒冷的冬天，他只好把双手插进穿在脚上的毛袜子里取暖片刻，然后再接着进行作曲创作。只有这样的人，才具备天生的音乐天才，才能创造出许多伟大的歌曲，才能名垂万世。

饥寒交迫、缺乏营养滋补品，这些都大大缩短了莫扎特的寿命，使他在 35 岁时就因肺痨而死。

莫扎特的葬礼是最简单、最俭朴不过的，一共只花了三块一毛。开始的时候，还有六个人抬着他那简陋的棺材送殡，可是走到中途时，突降的一场大雨竟把这六个淋了回去，留下莫扎特的灵柩孤零零地躺在墓地之上……

你认为莫扎特的遭遇是不是太可怜了？不，许多伟大的音乐天才，他们的身世与莫扎特相差无几。据桑弗德告诉我，他的密友维克多·赫伯特第一次来美国时，身上只有一件衬衣，因此他不论冬夏，每天都只能穿着它，当他的妻子为他洗烫那件衬衣时，他只好躺在床上等着。他不也是一代大音乐家吗？

在第一次世界大战时，欧洲曾流行一首《It's a Long Way to Tipperary》的歌曲，这是一首有史以来最普遍、最受欢迎的战歌。可是，这首歌的曲作者贾克·贾奇却非常贫困，他必须白天卖鱼，晚上还得在台上演戏才能维持生活！

还有一首著名歌曲《Sliver Threads Among the Gold》，同时广受人们的欢迎，但是它的作者哈特·邓克斯却穷困潦倒，他曾将此歌献给他的妻子，并以 15 美元的代价将它卖给出版商。后来，他和妻子因意见不合而分开了。他一个人孤独地死在费城一间破陋的小屋中。他死时的景象非常凄惨，而他的遗嘱只有一句话："年老孤独的滋味最苦。"

《Humoresque》也是一首著名的歌曲，可是它的曲作者却是一个屠夫的儿子。更奇怪的是，这首曲子竟是他趴在糖房和猪栏里写成的。他是德国人，名叫安东尼·德瑞克。德瑞克刚到美国时只有15岁，因为他厌倦纽约的繁华，而看中了城外一个荒僻的小村庄，这个小村庄与外界"文明"相隔绝，没有车马的喧闹，于是他迁到那里定居了下来。

一百多年前德瑞克出生于波希米亚的一个小村庄。他并未接受过什么高深的教育，曾有很长一段时期，他不得不跟随父亲在屠宰场工作，不过他心地善良，心中蕴藏着美妙歌曲的种子。

在几经挣扎之后，他终于脱离了屠宰场的生活，到了捷克的东城学习音乐，开始实现他的理想和志愿。然而，当时他的身上只有可怜的几便士，连最贫贱地区的最破陋的小屋也租不起。幸运的是，他还比较有人缘，他找到了另外五个穷学生，与他们同住在一起。在这种饥寒困苦中，他谱出了许多世间难得的美妙歌曲。

所以，像莫扎特、德瑞克这一类的人，正是因为穷困，才能将他们的天才充分发挥出来。

作曲家——乔治·杰斯文

刚开始时，他被人们的嘲笑轰下台；最后，人们的掌声让他难以下台。这是因为他知道自己想要什么，而且努力去追求。

我曾见过美国权威作曲家乔治·杰斯文，并向他请教成功的秘诀。他告诉我，那非常简单，只要知道自己的需要，然后照这个"需要"努力下去，直至达到目的。最令我感到惊异的是，杰斯文在成名后仍在一如既往地努力着，并且每星期要上三小时的课。这种好学的精神，非常值得我们去学习。

他的处女作仅卖了五美元，然而在九年之后，他替好莱坞一家电影公司的一部片子制作一首新曲，竟可以得到五万元的巨额酬金。

当杰斯文第一次到戏院表演时，所有观众都讥笑他。后来，他接受了纽约第十四街福斯城戏院的聘请，担任该戏院的乐师，每星期只有 25 美元的报酬。在他第一次上台参加演奏时，他面红耳赤，非常羞涩，脑子也有些不听使唤，结果也就可想而知了——他演奏得糟不可言，连台上的演员也在嘲笑他，台下的听众更是大笑不止。他懊恼羞愧至极，不顾一切地冲出戏院。当他对我说起这件往事时，还一再说这是他平生最大的耻辱。

杰斯文最初的志愿是成为一名画家，可是却出乎意料地成为一个伟大的音乐家，这要归功于他的母亲。

据说，有一天杰斯文的舅妈带着一架新钢琴来拜访他们，这使他母亲非常不高兴，认为这是一种有意的侮辱。于是，他的母亲不顾自己的经济力量有限，也忍痛为杰斯文买了一架旧钢琴。因为有这么一件突如其来的事，杰斯文有了接触音乐并使他的天才得以发展的机会，并为人世间创造出许多美妙的歌曲，使美国音乐突飞猛进。杰斯文的成功首先应该感谢他的母亲以及那架旧钢琴。

杰斯文因《天鹅》一曲成名。但是说起这首成名曲的经过，却又十分离奇，几乎连杰斯文自己也有些莫名其妙！

终于，杰斯文首次在百老汇的舞台演奏他的新作《天鹅》时，并未引起听众们足够的关注。但当时著名歌唱家阿尔·约翰逊也在座，当他听完该曲后，认为杰斯文很有音乐天赋，是一个可以造就的天才。

九个月后，阿尔·约翰逊出席了一次规模盛大的集会，集会上有人请求他唱一支新歌，以推动会场的气氛，阿尔起初婉言推辞，但后来觉得不应该辜负众人的诚意，就引吭高歌了杰斯文的《天鹅》，结果大受欢迎，众人反响非常强烈，一致认为这支曲子优美绝妙。

阿尔·约翰逊在这短短的五分钟内，把一支被人们早已经淡忘的歌曲唱红了，杰斯文也因此而一举成名。

但是我们明白，杰斯文的成名并非出于偶然。他确实是剧场中最需要的人物，虽然他从未涉足剧场。他创作了许多迷人的美妙歌曲，使情侣们随着乐声舞得如醉如狂，可是，谁会相信他自己竟从不跳舞。

他不嗜烟酒，每晚总要工作到深夜，但第二天不过了中午是不起床的。他有收藏名画的怪癖，尤其是法国的作品。他患有神经衰弱症，所以在家中自备一个健身房，并且每星期到神经专家诊疗室去两次，接受精神治疗。

在1924年的林肯诞辰纪念日——这个日子现在也成为音乐界一个很重要的纪念日了，杰斯文在这一天向世人播出了他生平最成功的一支曲子——《忧郁者之歌》。

你想必会认为这支《忧郁者之歌》是杰斯文经过积年累月的工夫才创造出来的吧？不！其实他的杰作大都是在偶然之中完成的。

当保罗·惠特曼约请杰斯文为他写一首爵士乐曲，以便在他的音乐会中演奏，杰斯文随口答应了，可是他并没有把这件事放在心上，后来被其他事情一打搅，这件事他完全忘记了。

等他后来从报纸上读到一条新闻，说他将要谱写一首爵士乐曲时，他很有些莫名其妙。他想了许久，这才想起了惠特曼的请求，于是他对自己说："我应该为他写的，而且要写得与一般人不同，使人们对爵士乐产生尊贵的感觉。"

于是，他写下了一首曲子，并在很短的时间内完成了，这就是《忧郁者之歌》——被音乐界赋予了无上荣誉的杰作。

当这首曲子演奏的那天，听众如潮水般涌进戏院。在演奏时，听众都深受感动，甚至流下了眼泪。无疑，这次音乐会获得了空前的成功，掌声喝彩声不断。《忧郁者之歌》不但替美国音乐界划出了一个新时代，而且使杰斯文的大名震惊了全世界。

歌唱家——卡罗素

他的母亲打着赤脚做工，为他挣学音乐的费用，结果他成了世界上最伟大的歌唱家。

世界著名歌唱家恩瑞科·卡罗素于 1921 年去世，当时只有 48 岁，各国各界人士无不为其扼腕痛惜，因为在人类记忆中最美丽的嗓音从此永远地沉寂了。

卡罗素是在全世界的喝彩和赞美声中匆忙辞世的。由于工作过度，他偶然受了风寒，当时他并没有很在意。但是病情却越来越严重，在死神的追逐下，他勇敢地同死神搏斗了六个月。这时候，全世界酷爱他歌声的人越来越多，他们都在虔诚地祷告，求不可测知的命运放他一马。

卡罗素那神的嗓音不仅仅是天生的，更为重要的是他多年的苦练——刻苦的练习和坚定的决心一直陪伴着他。

起初，他的嗓音又轻又薄，以至于一个教师对他说："你放弃唱歌吧！你不是唱歌的材料，你连一点嗓音也没有，你发出的声音像风吹窗板一样。"

有好几年，他的嗓音都在唱到高音符时失败，而且他的表演也非常糟糕，以致有一次在他演唱时，听众竟发出嘲讽的嘘声。世界上很少有人曾得到过像卡罗素那样的成功，然而当他的名声如日中天时，每每想到早年所受的痛苦，他都会情不自禁地潸然落泪。

在他 15 岁时，他的母亲就去世了，而他在一生中无论走到何处，身边总是带着母亲的相片。她曾生育过 21 个孩子，其中 18 个在很小时就死掉了，只有三个还活着。她是一个农村女子，除了辛勤劳作和品尝生活的悲苦之外，她所知道的东西非常少。

然而，她却觉得自己的这个儿子是个奇异的天才，因此她不惜任何代价去培养他。卡罗素常常说："我母亲走路不穿鞋子，为的是能够节省些钱让我学唱歌。"他在说这句话时，忍不住哽咽不已。

在他 10 岁时，他的父亲把他从学校领了回来，送到一家工厂去做工。每晚工作结束后，卡罗素就学习音乐，但他直到 21 岁时，才有机会到工厂外边独自去演唱。

在那个时期，他常寻找机会在邻近的一家咖啡店唱歌，为的是能够赚到一顿晚饭。他常受雇在女子的窗下为人唱夜曲。那位女子的不善唱的情郎，在月光下大胆地表演示爱的动作，卡罗素却躲在暗处，把他的心倾注到如阿波罗一样温柔诱人的音调里。

最后，当他第一次得到一个在歌剧院中唱歌的机会时，他紧张极了，以至于在排演时他的声音像玻璃的破裂声一样尖锐且干涩。他一次次地试唱，但每一种音调都像是大难临头的呼救声，最后他急得眼泪夺眶而出，狼狈地逃出了剧院。

他真正第一次登台演唱时，却酩酊大醉。他醉得一塌糊涂，以致他的歌声被听众喝倒彩的声音所淹没。在那个时期，他只是一个替补演员。

有一天晚上，由于那位在剧中唱男高音的主角忽然病倒了，剧院就急忙去找替补演员。但当时卡罗素也不在。剧院派了许多人四处找他。最后在一家酒店里找到了卡罗素，但他当时已是烂醉如泥了。他撒腿飞奔到剧院，等他到达剧院时，他已经喘得上气不接下气，而且化妆室内的浑浊空气和他腹内的葡萄酒同时作起怪来，他顿时感到天旋地转起来。等到卡罗素摇摇晃晃地走到台上时，全剧院立刻乱成了一锅粥……

在那次表演之后，他被开除了。第二天当他清醒了以后，他伤心至极，甚至曾想过要自杀。他衣袋里只有一个里拉，这刚刚够买一瓶酒。他那一天没有吃饭，当他正在一边喝酒一边想着怎样自杀时，突然屋门被撞开了，跑进来一个信差——从剧院来的信差。

信差喊道：“卡罗素！卡罗素，快走！人们都不喜欢那个唱高音的。他们把他轰下台去了，全都喊着要你出场！”

卡罗素一点也不兴奋，他不动声色地答道：“要我！这真是笑话。他们甚至连我的名字都不知道。"

信差喘着气说道:"虽然他们不知道你的名字,但他们要的就是你,他们都高喊着说要那个醉汉!"

从此,命运之神开始眷顾他了。

到卡罗素去世的时候,他已经是百万富翁了。

单是他的留声机唱片就给他带来了两百万以上的收入。然而由于他幼年时曾受尽了穷困的煎熬,以使他虽富有百万,却仍把每一笔开销都记在一个小账本上。不论是买一块不值钱的旧花边,还是收藏一件象牙饰品,甚至是赏给信差一角钱,他也会清清楚楚地记下来。

他对意大利乡村的一切禁忌都非常在意。在他临死的那天,他害怕自己真会看见"恶魔"。如果不先请教星相家确知路途平安之后,他是绝不敢搭船横渡大洋的。他永远不敢从梯子下边走,或在星期五穿新衣,而且无论有多么重大的事情,也不能让他在星期四和星期五动身旅行或开始做一件新鲜事情。他有洁癖,他一回到家里就得换一次衣服——从内衣一直到鞋子统统都要换。

他有一副世界极为少有而可贵的嗓音,然而也却常常躲在化妆室里吸烟。人们问他吸烟是否对他的嗓子有害,他却只是笑而不答。他吃饭时总是狼吞虎咽,在上舞台之前,他通常喝一点威士忌和苏打水清清嗓子。

他10岁就离开了学校,他对读书丝毫不感兴趣。他对他的太太说:"我何必念书,我向生活本身学习。"他从不念书,却把许多时间花在收藏邮票和古钱上。他有画讽刺画的特别天才，并且每星期为意大利某周刊画一张漫画。

好几年以来，他患了严重的头痛病，这使他感到非常痛苦，有时他甚至会痛得大喊大叫。随着他年龄的增长，他那惊人的活力日渐衰竭。

他闲暇时，喜欢一人安静地坐在书房里，对于世人对他的热烈赞美，他也看得很淡了。最后，他陷入了一种深沉的忧郁，每逢无事时，他就翻出他剪的报纸，细心地把它们夹在本子里留作纪念。

第七部

探险家

空中飞龙——艾迪亚·洛肯贝克

辞去危险的墓石雕刻工作，成为美国一流的空军。

百战不死的男子，25年来不断向死神挑战，不畏惧任何危险的人——这就是这篇故事的主人翁。他以惊人的速度驾驶赛车达两百次以上，在1918年第一次世界大战中，击落德军战斗机26架——并且是在面迎敌军的轰炸，未受伤地击毁敌军。

他就是在第一次世界大战中留下英名、"无敌飞行队"的指挥官、美国空军英雄中的英雄——艾迪亚·洛肯贝克（Eddie Rickenbacker）的故事。

这是第一次世界大战以后的事。笔者担任澳洲空军英雄罗斯·史密斯的秘书。提起史密斯，他是第一位飞越圣地耶路撒冷上空，最早飞越地球半圈的人，艾迪亚的品味与罗斯·史密斯很相似，两人都是优秀的飞行员，都是勇敢的军人，沉着而又稳重，两人的言语及态度均很谦逊。在机关枪前布阵，在天空中出生入死的人，实在非常令人赞叹。

艾迪亚一直到 12 岁为止，都还是个粗鲁、没有耐性且遇事慌乱的孩子。他是当地的孩子王，捣毁街灯等坏事做尽。而后悲剧来临：他的父亲去世了。少年艾迪亚仿佛一夜之间成长了——"成长"是他本人说的。

父亲去世之后，他下定决心要支撑起这个家，因此，他中途辍学到玻璃工厂工作。每小时五分钱，一天工作 12 个小时，每天早上必须步行七英里路去工厂，夜晚再走七英里路回家，因为这样可以省下一角钱的电车费。

他有坚忍不拔的毅力，好胜心强地努力工作，但他还是厌烦了工厂无聊的工作，而希望有所突破。想运用线条及色彩将梦幻实现。所以，他又到夜校去学习绘画，开始受雇于雕刻店，雕刻大理石的天使等。而他父亲墓碑上的字就是由艾迪亚自己雕刻的。但是，听别人说石匠是一项危险的工作——因为吸入大理石粉易罹患肺病。艾迪亚便说："我不想年纪轻轻就死去，我一定要找一份安全的工作。"

14 岁的某天早晨，这是改变命运的早晨——当他站在车站上时，一辆汽车自眼前驶过，他张大眼睛目不转睛地看着，它驶过俄亥俄州的科伦巴斯市。那对他而言是"汽车命运之神"。由于此一契机，使他的人生为之一变。

15 岁进入汽车厂工作，说是汽车厂，其实只是将马车房加以改造的地方而已。在那儿出出入入的汽车很多，他学会了驾驶汽车。不久，在自家院子里建造了一个工作场，开始自制汽车。

后来科伦巴斯市开了一家新的汽车工厂，他希望能到该公司上班，但每次都被他们拒绝，跑了十八次就被回绝十八回。

终于，他决定与工厂的主人直接谈判，"老板，您不知道，从今天起您将增加一个好帮手，因为明天早上我将在这儿工作。如果地板很脏，我会打扫，如果需要外务及修理工具我都会做。"工厂主人大为吃惊。

他不考虑薪资问题，只希望能有这个工作机会，并且利用函授教学，专心学习机械工学，一面等待机会到来。

然后，他的职位很快地升迁了——工人、班长、后补技师、保养班长、业务员，尔后成为分店长。

不久，他开始对改善汽车速度及冒险生涯产生渴望。赛车的刺激与兴奋、观众的欢呼与喝彩——是非常令人向往的。以目前的情况而言尚无法做到，但是改变人类的开车速度是有必要的，因此，他先改变自己的急性子，努力培养自制力，随时保持微笑，不断微笑的结果，使他最后以微笑著名。

赛车首先要有胆量。他深知此点，开始戒酒戒烟，每晚10时就寝。25岁时，他已成为世界第一流的赛车手。

然而有趣的是，在过去30年间，他开过数千万英里的车程，却没有驾驶执照，甚至到现在也没有。

有人非常迷信行车的避邪饰物，他完全不信那些东西。却经常有人送给他这类避邪饰品，隔天，他就会从汽车窗口，将全部的避邪饰物丢到堪萨斯州的平原上。

美国加入第一次世界大战之际，艾迪亚只是赛车界的偶像而已。因此，他远渡法国担任帕生古将军的司机。但是，任职将军大人御用车的司机，与他喜好冒险的个性不合。于是他决定参加战争。他志在担任战斗机的飞行员，在 18 个月内创下美国空军的第一大功，并接受了美、英、法三国授予的勋章。

他将当时的经历写成一本 370 页的书。包括血脉贲张的空中之战及千钧一发地夺回生命，充满了叙事诗的情趣。如果您想阅读,可到图书馆找艾迪亚所著的《与 Circus 航空队的战斗》。在美国空军史上，能令人血脉贲张的书，到目前尚无其他书可以代替。

艾迪亚在第一次世界大战之后，兴办汽车制造公司，后来转往飞机制造公司，1935 年进入东方航空公司，是培育全美一流航空通运公司的董事长。

探险之王——哥伦布

他为了寻求真理决定去探险，但他的探险计划被人视为疯狂愚蠢之举，为此他整整努力了 17 年。

每年的 10 月 12 日，我们都会庆祝历史上一个非常重要的事件——哥伦布发现美洲大陆。然而，这件事说起来却有点可笑——哥伦布发现美洲其实并不是在 10 月 12 日，他真正发现美洲的时间是 10 月 23 日。我们现在所用的历法是教皇格里高利创制的。哥伦布在当时根本就不曾听说过这种历法。事实上，这种历法在他死后一百年才产生。美洲殖民地于 1752 年采用了这种历法。

当我们我们采用这种历法时，我们恰恰在时间上提前了 11 天。这是为什么呢？因为那时候的历法比太阳历要迟 11 天，因此，根据现在的历法，哥伦布发现美洲并不是在 10 月 12 日，而是在 10 月 23 日。

哥伦布年轻时曾当过海盗，这在当时并不是什么值得惊奇的事，因为当时一些比较有条件的家庭都愿意把孩子送到海盗船上去工作，这样可以使孩子多增长一点见闻，经历各种事情，而且还可以多赚一点钱。在他们看来，这种事情只要不被官方捉住，也就无所谓羞耻与卑贱的了。如果真的不幸被逮的话，那就只好自叹时运不济了。

哥伦布还在上学时，偶然读到过一本毕达哥拉斯的著作，知道地球是圆的，他就把这一点牢记在脑海里。经过长时间的思索和研究后，他大胆地提出，如果地球真的是圆的，他很快就可以到达印度。

但是，大学里那些资深的教授和哲学家们都嘲笑他这种愚蠢的想法。他们想：难道这个疯狂的蠢人竟然想向西直行，前往东方的印度不成？如果确有此事的话，这个人一定是个疯子。他们对哥伦布说，地球不是圆的，而是平的。他们还警告他，说他的这种行为简直就是自杀：他的船会走到世界的边缘，不小心就会跌落到无底的深渊里去。

哥伦布努力了17年，希望能够有一个人对他的这种冒险事业进行资助。他努力了17年，也失败了17年。

最后，他在失望中准备放弃他的理想，他退隐到西班牙的一所修道院里准备安度晚年。那时他还未满50岁。但是，他遭遇到了太多的艰难困苦，有着太多的伤心往事，以致他的红头发都变得雪白了。

此时的哥伦布灰心丧气，只想进西班牙的修道院，在那里了却他的后半生。

正在这时候，罗马教皇拜见了西班牙女皇伊莎贝露，劝说她对哥伦布予以资助。教皇先送了 65 个银币给哥伦布，作为他的路费。但哥伦布感觉自己的衣服过于破旧，就先用这些钱买了一套新装和一头驴子，然后起程去见伊莎贝露女皇，沿途穷得只得靠乞讨度日。

女皇给了他所需要的船只。只是，他发现要找到足够的船员非常困难，几乎没有人敢去冒这个险。于是，他走到海边，野蛮地抓了几个水手，强迫他们和自己一同前去。他对别人软硬兼施，贿赂加威胁，他甚至把囚犯从监狱里提出来，只要他们肯参加这次冒险，就给他们以自由。

最后，一切准备就绪了。1492 年 8 月 3 日，星期五，日出前半个小时，哥伦布带着他的三条船和 88 个人，开始了世界历史上最重要的、划时代的航程。

哥伦布的探险获得了成功。可是在新大陆建立起来的殖民地却令他非常失望和痛苦。因为殖民地的人全部被印第安人所杀。

另外，殖民地的主管嫉妒他的功劳，故意控告他贪财失职，用铁链将他锁起来并将他送回了西班牙。虽然哥伦布一到西班牙马上就恢复了自由，但是他所遭遇的挫折和痛苦，却令他伤心和感叹不已。

哥伦布在 60 岁时离开了人世——那时已没有人再注意他，没有人纪念他，也没有人为他歌唱。他是在一间破旧的、空气流通不畅的房子里去世的，墙上还挂着他被囚禁时所戴的那副镣铐。他一直把它悬挂在那儿，作为人世空虚和天地不仁的一种残忍的标记。这位探险新大陆的一代英雄，竟潦倒一生！

哥伦布完成了历史上最惊人、最勇敢的功业，然而他因此得到了些什么呢？他曾经想因此发一笔财，但直到他死时还是穷困潦倒。他曾经被授予"海军上将和印度总督"的头衔，然而那只不过是虚有其名而已，根本没有什么实权。甚至连他所发现的大陆都没有以他的名字命名。

那块新大陆是因一个地图制造商亚美利加·韦斯普奇而得名的。实际上，哥伦布发现从这个新世界唯一得到的东西只是伤心和耻辱！

假如哥伦布知道自己发现的是新大陆，至少他的精神上也可以得到快慰，只可惜他临死都不知道这一点。他还以为自己只不过发现了一条到达印度的新航线而已，所以他把居住在美洲的红皮肤的土人也称为"印度人"——他做梦也想不到自己已经发现了新大陆！

然而，哥伦布还是得到了某种"荣誉"——大家都相信他是发现美洲的第一人。而事实并非如此，早在哥伦布诞生前一千年，一名中国佛教徒海信就发现了美洲，后来，在哥伦布诞生前五百年的时候，古代斯堪的纳维亚一个名叫雷弗·艾利克逊的人再度发现了美洲。

历史学家们认为，雷弗·艾利克逊在马萨诸塞州查理河河岸上所修建的房屋的遗迹，至今仍然可以找到。事实上，那些遗迹就在哈佛大学附近。

我们姑且不论哥伦布是不是第一个发现美洲的人，可是他那种勇敢无畏、百折不挠的精神，实在是值得我们作为楷模来学习。当水手们因畏惧而退缩时，只有他还在勇往直前；当水手们恼羞成怒地警告他如果再不折回的话，便要叛变杀了他时，他的回答是："前进！前进！前进！向前进！"

"北极熊"——史蒂文森

我曾和一位在北极圈内居住了 11 年，其中六年完全靠肉和水两种东西生存的人交谈过。他是中世纪一个海盗的后裔——有着银灰色头发的帅气的挪威人，他名叫史蒂文森。他是第一个敢于从没有粮食和燃料的北冰洋前往北极探险的人。

当他第一次提议前往北极探险时，许多人都以为他精神出了问题。并且警告他，要是他真打算这么做，他将很可能在途中饿死。究竟会不会饿死呢？连他自己也不敢妄下断语。不过，他终于偕同两位勇敢的助手，带着枪弹火药之类，向北极出发了。

他告诉我说，他们在北冰洋时就在漂动的浮冰上过了好几个月。这些浮冰有的只有足球般大小。这些冰块都在大约深达一英里至三英里的北冰洋内漂荡。他们在冰上的最初 40 天，还可以吃自己带的食物；但是到后来，他们的食物吃光了，只好射杀海豹和北极熊来充饥；冷了就用鲸鱼脂取火，渴了融化冰块来喝。

他告诉我他探险经历中最惊人的一段：他们跟随浮冰在北冰洋中漂流了七百多英里，不但没有像一般人所担心的那样在半途饿死，反而在 97 天当中体重都增加了数磅。他说要是专吃瘦肉，或许他们真会被饿死，但北冰洋中有的是肥美的海豹和北极熊，生吃尚且可口，有时用熊毛做燃料烤熟了吃更是鲜美无比，所以他们的身体依然很好。

史蒂文森非常喜欢抽纸烟。这里有他的一段探险趣话。有一次他的烟瘾大发，但他带来的纸烟全被助手抽完了，他竟急得咀嚼装纸烟的布袋，并将布袋翻转过来找寻里面的纸烟碎屑。

他们的探险食品，除了海豹和北极熊外，还有各种动物，如野鸭、野鹅、鹧鸪、枭鸟等等，据说其中味道最美的是枭鸟。此外，史蒂文森有一次在饿得实在无法忍受的时候，还吃过皮鞋上的生牛皮。他说，一块煮熟的牛皮滋味真是非常的棒，和猪蹄一样好吃！

史蒂文森幽默地说："因此，在寒带，皮制的衣服比毛织品更有用些，饿极了的时候，不妨将牛皮煮熟饱餐一顿。"就因为这样，在这里要讲一句笑话，当你们家里清理杂物时，发现了一双破旧的皮鞋，请你们千万不要抛弃，因为，也许有那么一天你们还需要用到它呢！

史蒂文森回到纽约后，向人们宣称他们有六年多时间只靠肉和水来维持生存，立刻就有许多人对他加以斥责，说他信口开河，荒谬透顶，认为他是最卑鄙无耻的说谎者。因为根据科学和卫生经验，他们认为这几乎是不可能的事情。史蒂文森为了证明自己所言非虚，便决定和一位助手除了吃肉类和水以解饥渴外，再继续肉食一年，同时他们仍旧照常工作，想让这些人看看事实是否真如他所言。

这项有趣的试验是在比利维医院的赞助和监视下进行的。在整整一年内，史蒂文森和他的助手时时接受医生严格的检查。他们的血液每天要被分析一次，每星期需要记录一次血压，甚至从肺里排出的气体也要检验。结果是检查不出任何问题。尽管他们天天吃肉类，他们一切都很正常，和正常人一样。

在这项试验进行的过程中突然出现了异常，史蒂文森的助手血压起初很高，并且开始脱发，又患上了伤寒病。当许多人正要为这个试验将要失败而庆幸时，不料这位助手的血压在90天之后又恢复了正常，不但不再脱发，连伤寒病也痊愈了。

试验自然是史蒂文森和他的助手获得了胜利，并且，在这一年内，他俩都没患过龋齿病。史蒂文森附带着说明：从前，爱斯基摩村一带的居民因为所吃的绝大多数是肉类，所以几乎没有一个患龋齿病的人，但是自从他们学到我们的食谱后，在那里流行起了龋齿病。

南极探险家——史考特

他对南极充满了好奇，只身前往那里，但却再也没有回来。

我想，世界上再也没有比第二个到达南极的史考特上校的故事更为英勇、动人和悲惨的了。时至今日，史考特上校和他的两个同伴在南极罗斯冰川惨死的经历，仍令人痛惜。

史考特上校的死讯传到英国时是 1913 年 2 月一个晴朗的下午，皇家花园中怒放着番红花。消息传来，整个英国为之震惊。在此之前只有在特拉法加海战中阵亡的纳尔逊海军大将的死讯传来时，英国人曾如此震惊过。

22 年后，英国为史考特上校建立了一个极地博物馆作为永久的纪念，这也是全世界第一家极地博物馆。在那个博物馆开幕之际，全世界的极地探险家们都不远万里赶来参加。在那所建筑的顶端，有用拉丁文写成的献给罗伯特·史考特的题词："他去寻求南极的秘密，却找到了上帝的奥秘。"

史考特上校去南极探险时，乘坐的是"特拉诺瓦"号船。自从那只船进了南极圈的冰洋之后，厄运就接连不断。船身被无数的巨浪击打着。船上的货物被怒吼的浪花席卷一空，海水涌进了船舱，锅炉的火被浇熄了，抽水机也转不动了，在咆哮的大海中，这只无畏的船无助地走了许多天。

然而，这对于史考特来说，他的厄运才刚刚开始。

他曾带了几匹能在西伯利亚寒地赛跑的强壮小马。但这几匹小马到了极地却受了大罪。它们在大雪中无力地挣扎着，它们踏进了看不见的冰孔中从而腿被折断，无奈之余只有用枪将它们打死。他从爱斯基摩人那里带来的能拖雪橇的狗，也在冰地的裂缝里跑丢了。于是，史考特和他的四位同伴只得把它们都丢下，拖着一辆约一千磅重的雪橇继续向南极进发。

他们就这样日复一日地拉着雪车在坚硬的冰地上挣扎着前行，累得上气不接下气，冻得喉头闭塞，因为他们是在海拔九千英尺的稀薄、严寒的空气里。

然而，他们没有任何抱怨，因为他们相信在最艰苦的行程尽头，南极的秘密在等着他们，自从上帝开创世纪后，那里就没有人去打搅过。那里没有一个生物或会呼吸的东西，连一只海鸥都没有，到处是死一般的静寂。

到了第 14 天，他们到达了南极——但是他们收获的却只是震惊和心碎。在不远处的冰天雪地里立着一根木棒，上边有一块碎布片在凛冽的寒风中迎风飘摇——是国旗！挪威的国旗！原来挪威的探险家阿蒙森已比他们先来到了此地——他们没想到，自己多年的精心准备，数月的困苦挣扎，历经千辛万苦，却仅因五个星期之差被阿蒙森捷足先登了。

经受了失望的重击，他们怀着颓丧、失落地心情踏上了归途。

他们返回文明世界的悲惨奋斗，才真正是经历了奥德赛式的巨大痛苦。凛冽刺骨的寒风将他们浑身都裹上了一层冰，就连胡须上也结了冰。他们几个人跌跌撞撞地迈向了死亡的边缘。一行人中，首先是强壮的军官埃文思不小心脚下一滑，头部撞在冰块上严重受伤而亡。

接着，队长奥茨也病了，他的脚被冻僵，每走一步都非常困难。他明白这会连累他的同伴们。因此，在一个夜晚，他爬到遮天蔽地的风雪里把自己冻死了，以此来保全其他同伴的性命。当时他没有说英雄式的夸大诗句，没有表演出动人的戏剧，他只是安静地说："我想到外边去走一走，过一会儿就回来。"——而他却永远地走了。

人们始终没有找到他那冻僵的尸体。但现在，在他失踪的地方，却竖起了一个纪念碑，上边写着："一位英勇的绅士死在附近。"

史考特和余下的两个同伴仍继续挣扎着往回走。他们被冻得几乎到了他们的鼻子、手指、脚一触即碎的程度。到2月19日（1912年），他们离开南极后的第20天，他们最后一次支起了休息的帐篷，他们只剩下刚够煮两杯茶的燃料、只够吃两天的粮食。但现在他们所处的位置距来时埋藏食粮和其他东西的地方，只有11英里了。因此他们想自己这次一定有救了。

只要再奋力一搏，他们就可以到达那个地方了。但让人始料不及的是，悲剧却在这时发生了。

天边突然刮起了刺骨的大雪风暴，猛烈得竟将冰块也击碎了。恐怕地球上再也没有什么动物能够抵挡这次飓风的袭击。

史考特和他的同伴在帐篷中被困了11天，而狂风仍不停地怒吼着。他们已经没有任何赖以生存的东西了，他们都明白自己的末日来到了。

他们有一条路可走，一条很容易的路。他们出发时带了很多鸦片，就是为了用在这种紧急关头。只需多吃一点，就可以安然入梦，永不再醒来。但是，他们不想用这些东西，他们决心以英国人的尚武精神来迎接死神的到来。

史考特在他临死前，给著名作家巴里爵士写了一封信，他将他们临终的情形叙述了下来。他们的食物已经都吃光了，死亡就要在他们头上降临了，然而，史考特在这时却这样写道："假如你能听到我们在帐篷里唱着愉快的歌声时，你的心中或许会好受一些。"

八个月后的一天，温暖的太阳又重新普照着南极大地，一支搜寻队员找到了他们冻僵了的尸体。队员们将他们的尸体就地埋葬在那里，并用两根滑雪木板做了一个十字架。在他们的墓碑上，写着英国桂冠诗人丁尼生的长诗《尤利西斯》中的一小段名句：

几颗英勇的气质相同的心，

虽经受了时间、命运的摧残，

但意志坚定不移。

奋斗、前进、探求，

绝不屈服。

赛车大王——坎培尔

一提到埃迪·里肯巴克，这不禁使我想起了玛尔科姆·坎培尔爵士——因为在一次晚宴上，我正坐在他们两人中间，他俩有些相似，都有点沉默寡言，又都醉心于风驰电掣般的速度。

我知道，里肯巴克之所以参加这种疯狂的飞车比赛，首先是因为他需要钱。但是，这位坎培尔也到这儿来凑热闹，他图的是什么呢？坎培尔自己是很富有的——我知道，即使赛车赚不到一分钱，他也丝毫不会在乎的。

那他到底为的是什么呢？荣耀？名誉？

但是他说都不是——他仅仅是因为感兴趣才这样做的！

于是，我转过脸来问里肯巴克，如果他看见坎培尔在比赛中以仅次于彗星的速度飞驰，他有何感想？参加过两百次汽车竞赛的老将里肯巴克略微耸了耸肩，然后慢吞吞地说道："我从来也没有见到过，而且我也不打算去看。我想，像他这样参加赛车，被摔死的机会在十回中会有九回！"

从来没有一个人曾经像坎培尔爵士一样，在这个地球的地表上跑得如此之快——每小时 300 英里，平均一分钟五英里！按照这一速度，从美国的东海岸城市纽约到达西岸城市旧金山只需要 10 个小时的时间！

全世界只有四个人每小时曾跑到过两百英里——西格雷夫、洛克哈特、基奇和拜布尔——而他们都死得很惨。坎培尔却是这些"飞人"中幸存于世的一个！

但是，让人难以置信的是，他本人却是一位宿命论者。他从来都不着急，也从不心慌。每次比赛完之后，当他从赛车中走出来时，非常轻松，就像平常人下班后驾车回到自己的家一样。

在坎培尔 16 岁那年，他对父亲说自己想做一名赛车手，他的父亲生气地打了他一巴掌，并立即为他在伦敦最著名的罗德保险公司找了一份秘书的工作。坎培尔爵士对我说，他为那家公司效力了两年，却从来没有得到过一分钱。从第三年起公司才答应发给他一些薪水。而今，他却成了这家世界驰名的大公司的一位董事。

他在 19 岁时突然想出了卖诽谤保险给英国报纸的主意。在英国，有关诽谤的法律法规要比美国严厉很多。不久，坎培尔便得到了英国许多家报纸的诽谤保险单。到 21 岁时，他已经拥有很多钱了。于是，他立即开始购买自行车、摩托车和汽车，并开始参加一些正规的比赛。他为了满足自己打破赛车速度纪录的渴望，一共花去了五万英镑（相当于 25 万美金）。

他还到世界各地去旅行，为的是寻找最适于开飞车的地方。他曾到过丹麦、撒哈拉大沙漠、南非以及美国南部的佛罗里达州。但是，他对我说，美国西部犹他州的盐碱地才是世界上最好的汽车跑道——数万年前的湖沼干涸后的盐碱性湖底又硬又滑，就像冰一样。

一次，他在丹麦参加比赛，当赛车的速度达到了140英里时，突然"砰"的一声，他的汽车前轮脱离了车身，跑飞了。汽车笔直地向路边的观众冲过去，结果一名儿童不幸被撞死，车身一跃而起，飞过人群后，还继续向前连滚带跳了约一英里才停住。

不过，坎培尔爵士对我讲，让他最感惊心动魄的经历还是在第一次世界大战时期。当时，他以飞行员的身份参战。他的任务是从英国驾飞机经过英法海峡到西部战场去。然而，要知道他以前从未驾驶过飞机，而且，他还要降落到一个自己看不见且很不熟悉的地方。当他飞过德国兵的阵地时，德国的许多飞机立刻飞上云端对他实施拦截，并用机关枪密密地扫射。然而，他就这样飞了四年之久，却连哪怕是一点点的皮外伤，都不曾受过！

但是，坎培尔一生中最冒险的经历还要数他到南太平洋上的科克斯岛去寻找埋藏多年的宝库的经历。科克斯岛是地球上最可怕的一个地方。那里没有一间房子，一个人影也看不到。当地住的是一些以自身的古老文化自足的印加土著，他们白天藏在深山老林中，夜里才偷偷地跑出来，到海边去猎食。

他们这些人比海滨绿棕树的影子还安静。普通人的眼睛很难看清楚他们所在的位置。蜘蛛、螃蟹、蜈蚣、蚂蚁使得沙土和岩石像滚沸一般蠕动；空中群蝇乱飞；成群结队的鲨鱼在海岛周围的水中游来游去。

为了找到珍宝，坎培尔应当顺着一条小河一直往前走，直到发现一座岩石，这座巨大的岩石上有一道裂缝，如果用铁锹插入这个隙缝中，他就能够发现一扇门。只要能发现这个通道，摆在他面前的就将是与出现在《天方夜谭》中阿拉丁眼前一样的价值连城的黄金和奇珍异宝。

可是，坎培尔走遍了岛上的每条小河，甚至连那些早已干涸的小河也不放过。当然，他还走遍了荒林，几乎把岛上每座岩石都炸开了，结果还是一无所获。

有一天，当他正在扎人的野草和密集的灌木林中前进时，他看到当时的风正朝着他打算前进的方向吹。因此，他与同伴决定放一把火为他们在前面烧开一条路来。他点燃一根火柴，草木立刻噼噼啪啪地烧着了。不到四五分钟，这座岛就被烧得火光通天。

突然，他们惊恐地发现火焰并没有完全按照他们预想的方向延伸，相反，火焰竟直直地朝他们扑了过来。眼看他们马上就要活活被烧死了，于是，他们赶忙掉转头来没命地飞奔逃命。

当他们逃到海边时已经上气不接下气了，被烟熏火烤得焦头烂额。数百英亩森林一齐燃烧，他们简直就像热锅上的蚂蚁一样痛苦不已，他们几乎就要跳入成群的鲨鱼堆里去了。幸好海滨绿油油的棕树林没有被烧着，他们才得以保住性命。

在那个荒岛上度过了险恶的三个星期后，坎培尔没有找到任何珠宝，倒是给自己带来了两条血淋淋的腿，受伤的手指和肩膀。此时，与其说他是一名英国绅士，还不如说是一名逃犯。他非常灰心失望，加之身体不适，于是，就急急忙忙地无功而返了。

但是，他却对我讲，将来他如果有机会还要去科克斯岛，如果那里真的有宝藏的话，他就一定可以找到。

他不慌不忙地说："你知道，我为了这一冒险，已经走遍了半个地球了。"

海军大将——拜德

他因剧烈运动而成了瘸子，但他第一个飞抵北极的梦没有破碎。他始终坚信能够实现自己的梦想，他最终成了美国的英雄。

1900 年，维金孔亚省温特斯特地区有一个 12 岁的孩子，他十分羡慕那位到北极去探险的海军大将柏瑞伟大而壮烈的经历，于是他买了一个日记本，偷偷地在日记本上写道："我决心成为第一个飞抵北极的人。"

在他幼小的心灵中暗暗地立下了这个宏伟志向。他明白，要去北极，必须先做好各种冒险的准备，还要有百折不挠的吃苦耐劳精神，所以，他开始以古代斯巴达的精神来训练自己，哪怕是在严寒的冬日，他仍只是穿一件单薄的衬衣。他要磨炼自己在寒带地区生活的耐力，要与风雪相抗争。

不要小看这个年仅 12 岁的孩子，他在许多年的准备和奋斗之后，终于完成了他当年日记上所写的宏愿。他的确是第一个飞抵北极的人。不仅如此，他还是第一个飞抵南极的人！他的名字也因此震惊了全球，他就是海军大将李屈林·拜德。

如果把拜德将军的一生经历记述下来的话，那是非常动人的。尤其难能可贵的是，他在孩提时代就具有坚强不屈、排除一切障碍的精神和魄力。

他最喜欢旅行，并渴望能够到一些奇异的地方去游历，所以他从 14 岁开始，就开始环游世界。旅游归来之后，他开始进学校读书。他酷爱拳术、角力以及足球之类的运动，但不幸的是，他在 28 岁那年，因为剧烈的运动把脚踝折断了，成了跛子，因此他不得不离开海军，这让他伤心极了。

但是，他并没有因此而灰心丧气，他总是这样想："我虽然因残疾而离开了海军，但我的手和大脑还是健全的，还有强壮的体魄，至少我还可以投身于航空界，将来照样可以有所成就的。我从未听说过飞机驾驶员是站着的——不错，飞行员都是坐在驾驶座上的，那么我的跛腿也就没有什么不利的影响了。"凭借自己坚强的意志，拜德后来果然进入了航空界，而且还创造了惊人的奇迹。

为了试验空中冒险的本领，他决定驾机飞往北极一次，但他的计划曾多次因特殊情形而受阻。起初他驾 Shemandb 号大型机北飞，不幸中途机毁。然后他要求政府允许他驾机做横飞大西洋的试验，结果被政府拒绝了，原因是考虑到他的腿伤。后来又有一次，他要求政府允许他驾驶阿莫森所曾计划过要飞渡北冰洋的那架飞机，但没有得到允许，这是因为他当时已结婚了。紧接着，他又受到第二个重大刺激——政府命令他再次从海军退役，原因还是他的腿伤。

然而，拜德并没有把自己的腿伤放在心上。他认为即使是个跛子，只要有智慧有勇气，那么仍然比一个身强体健而缺乏头脑和勇气的人要强得多。因此，他私下里筹集了一笔款项，开始了他的冒险计划。终于，他完成了震撼世界的丰功伟绩。

他横飞了大西洋，从北极上空掷下了一面美国国旗，再飞至南极的上空，又丢下了一面国旗。当他返抵国门的时候，所到之处莫不万人空巷地欢迎这位飞抵了北极和南极的英雄人物。政府当局高度赞扬他的伟大功绩，赐给他"大将"的荣誉头衔——两次因跛足而被海军拒绝任用的他，却成了著名的海军大将。

非洲探险家——马丁·琼森

三个简单的词"Can You Cook"（你会做菜吗）使他走遍了世界。

马丁·琼森曾在非洲的荒野中拍摄过数千张猛狮的照片，而且亲手打死过两只狮子。他曾告诉我说，他最后停留在非洲的一年半中，所见到过的狮子超过了他以前所见到的总和，然而他却从来没有放过哪怕是一枪。事实上，有时他在外出时连枪都不带。

有些去非洲的探险家回来后都爱夸耀他们在那里和猛兽搏斗的经历。但是，马丁·琼森却认为，如果一个人真正懂得非洲野兽的性格，那么他完全可以随身只带一根竹竿手杖，就会平安无事地从北部埃及首都开罗步行到非洲南端的好望角。

他还对我说起过，他最近一次去非洲时，曾随身携带了一台效果不错的收音机，能够收听到美国的广播节目。起初一两个月，他经常听收音机，但后来他对那些冗长而无聊的商业广告很是厌烦，因此，一连好几个月，他都没有再听过它。

马丁从 14 岁起就开始漫游世界。他的父亲是美国堪萨斯州独立城的珠宝商，马丁从小就爱乱翻那些来自世界各处的珠宝箱。他对那些商标上边奇异的地名非常向往，并决心将来要把这些城市走遍。终于，有一天他离家出走了。他先是游遍了美国，然后又混在一艘满载牲畜的船里去了欧洲。

当他到了欧洲后，他不停地找工作，但工作却似乎并不青睐于他。他曾在比利时的布鲁塞尔挨过饿；他曾站在法国的海边怅望大西洋，茫然无助，不知自己该何去何从；他还在伦敦的空货箱里待过，因为没钱住旅店。为了回到美国堪萨斯州故里，他还曾偷偷地藏在驶往纽约的一条商船的救生船里。

在船上发生了一些改变他整个人生的事，促使他开始了自己伟大的探险之旅。船上的一个技师给了他一本杂志，这里有杰克·伦敦的一篇文章。在文章里面，杰克·伦敦说他梦想着乘坐一条三十英尺、名为"蛇鲨"的小船周游世界。

琼森回到独立城家中，立刻给杰克·伦敦写了一封信。他怀着满腔热情，写了满满的八页信纸，并请求与杰克·伦敦同行。信中他写道："我已经去过一次大西洋，我从芝加哥出发时，口袋里只有五块半路费，回来时却还剩有两角五分钱。"

他的信已经发出去两个星期了，他心急火燎地等候着回信。最后，他终于收到了一份杰克·伦敦拍来的电报。电文只有 3 个字（Can You Cook）——这三个字却使马丁的一生发生了改变。电报的内容充分体现了这一通信方式的爽快与简洁——"你会做饭吗？"

做饭？哈！他连米饭都还煮不熟呢。但他还是马上写了回电，说"我愿一试！"——随即，他就找了一份在一家饭馆的厨房里帮忙做菜的工作。

等到杰克·伦敦的"斯纳克"号船驶出旧金山海湾，向太平洋进发时，马丁·琼森真的成为了船上的总厨师兼洗碗工，而他竟然还能现学现卖，做面包、炒菜、煮汤甚至做布丁。同时，他还得负责采购路途中所需的饮食，他准备的盐、胡椒、香料等东西简直可以供全船水手吃上两百年。

在那一次旅行中，他学会了开船。他相信自己是一位驾驶专家，因此有一天，他为了显示自己的本领，要凭自己的经验判断出船当时所处的位置。其实，当时"斯纳克"号正在太平洋中向檀香山靠近。但按照马丁的计算，船的位置却应当在大西洋的中间！

但是，他却不承认自己的计算水平仅止于此。像那些充满激情的青年一样，他一心要过那种朝思暮想的惊险生活。任何困难也无法挫败他的热情。有一次，一连两个星期，水手们一滴水也喝不到，毒辣的烈日更把他们晒得几乎发狂——船板上的松香油都被晒成了糖浆！

他从那时起几乎过了 30 年自由自在的惬意生活。这 30 年来，马丁居无定所，他走遍了五大洋，游历了全世界，从南海的珊瑚岛，到非洲的黑森林，他的足迹遍布世界各地。他是第一个把食人族照片带回美国的人。他曾拍下了巨人、大象、长颈鹿和其他许多非洲旷野奇异生活的相片。

他带回了一船的奇异动物——当然它们全都是拍在胶片上的。后来这些胶片上的动物出现在上千部电影银幕上。他把这些濒临灭绝的野兽生活拍摄成了永存的记录——即使到现在这些动物已经灭绝了，这些纪录片也可使你的曾孙的曾孙了解到曾经在广袤的非洲旷野出没的野兽的风采。

马丁·琼森告诉我，一只野生的吃饱了的猛狮，如果人不主动去招惹它，它便不会注意人身上的气味。他曾把汽车开到有 15 头狮子的猛狮群中，而那些狮子却仍旧安静地躺在那里，就像小猫一样驯服。一只狮子竟还站起来，上前去轻轻地咬着汽车的前轮。又有一次，他把车驶近一只母狮子，近得只要它抬一下爪子就可以抓住汽车，但琼森却连胡须都没有少一根。

"你的意思是要告诉我，狮子是最温顺的野兽吗？"我曾这样问他。

他回答道："绝不！我所知道的最好的自杀方法就是'信任'一头狮子了。哈，因为你根本不可能知道，疲乏的它什么时候会忽然起了疑心而对你兽性大发。恐怕世界上最危险的事就是与狮子相斗了。那就像一个一百磅的重型炸弹向你掷过来，狮子一跃可达 40 英尺远。这比轻骑兵的速度还快。"

我接着又问他，是否遇到过千钧一发的危急时刻，他回答道："这样的时刻有很多，但全都很有趣。"

他在南海群岛遇到了一次最危险的经历。那一次，他几乎要在一锅沸水中被煮熟了，被当成食物给吃掉了……当时，他正准备第一次拍摄食人族的生活情景。

经商的白种人闯进了食人族居住的群岛，掠走了许多土人并将他们贩卖为奴隶。因此，食人族对白人深怀仇恨——而且他们经常饥肠辘辘。他们已经杀死了不少白人，并抢走了许多物品。因而，在捉住了马丁·琼森时，他们也一定在想，这个人的肉完全可以作为星期日的美餐了。

当马丁同酋长谈话并将带来的礼品一一陈列出来时，一群食人土番从树林中跑了出来，将他团团围住。而他的同伴此时还在数里之外，呼救肯定来不及了。他虽然带有一支手枪，但是寡不敌众，他不敢轻举妄动。他的前额冒出了冷汗，心跳加速，但却想不出任何办法，只能故装镇静继续同酋长谈判。土番越聚越多，一个个只等他们的首领一声令下，就一起动手把他撕裂。马丁·琼森直到那时才第一次想到，当初如果老老实实地跟随他父亲当珠宝商，也不至于落到现在这步田地。

正当一群土番要扑上去时，奇迹突然发生了。

一只英国巡游船从岛下的海湾中驶来了。

土番们一个个瞪大着眼睛张望着，内心充满了恐惧，他们以为是自己的冤家对头来了。马丁顺着他们的视线看过去，他兴奋得简直不敢相信自己的眼睛！于是，他赶忙向酋长深鞠一躬，说了一声："你看见了吧，我的船来了。很高兴和你们相识。再会了。"

土番人被眼前的景象给镇住了，没有一个人敢上前拦马丁·马丁迅速奔向海岸，跳上大船，离开了群岛。